오십에 읽는
손자병법

전쟁 같은 세상에서도
굳건히 살아남는 손자의 처세술!

오십에 읽는 손자병법

팬덤북스

먼저 이기고 시작하라

《손자병법孫子兵法》은 지금으로부터 2500년 전인 춘추시대 말기 때 손자孫子본명 손무孫武가 쓴 병법서로, 전쟁에서 적을 이기는 갖가지 전쟁비법이 집약적으로 집대성된 책입니다. 이 책은 전술戰術의 교과서로 예로부터 시대를 막론하고 야망을 지닌 군주와 장수 들의 필독서로 널리 사랑받음은 물론, 일반인들에 이르기까지 널리 읽힘으로써 진가를 보여줍니다. 뿐만 아니라 21세기를 살고 있는 현 시대에도 《손자병법》은 꾸준히 읽히고 있습니다.

《손자병법》은 시계편에서 용간편까지 총13편의 단락으로 구성되어 있으며, 각 편마다 그에 맞는 다양한 전술이 펼쳐져 있습니다. 비록 이 책은 전쟁에 대한 다양한 전술이 주 내용을 이루지만, 이를 삶에 있어서 그때마다의 상황에 맞게 적용하면 삶의 처세술로서 큰 도움이 됩니다. 삶 또한 총성 없는 치열한 전쟁터나 다름없으니까요.

그런데 《손자병법》을 어떻게 현실에 적용하면서 더 현실적으로 독자들에게 전달할 수 있을까에 대해 생각해보았습니다. 현재 출판된 책들은 더러는 응용할 수 있는 내용도 들어 있지만 대개 원문을 바탕으로 한 해설서에 가깝습니다. 그래서 이 책을 나만의 색깔을 담고 싶은 생각에 달리 쓰고 싶었습니다. 물론 해설서의 역할만으로도《손자병법》이 전달하는 각 편마다의 주된 내용이 무엇인지를 충분히 알 수 있습니다. 하지만 보다 더 현실에 와닿게 각 편마다 체계적으로 분석하고 그에 따른 실천적 메시지를 전달하고 싶었습니다.

그 이유는 이 책을 읽는 독자 개개인이 자신이 처한 현실적 상황에 맞게 적용시키는 데 도움이 되고자 했기 때문입니다. 여러 생각 끝에 글의 틀을 짜고, 그 틀에 따라 글을 써 나간 끝에 마침내 탈고를 하고, 독자들 곁으로 기쁜 마음으로 발걸음을 옮기게 되었습니다. 다음은 독자들을 위한 이 책의 몇 가지 특징입니다.

첫째, 각 편마다《손자병법》의 원문에서 가장 핵심이 되는 내용을 가려 뽑아 그것을 바탕으로 하여 설명함으로써, 원문이 지닌 참뜻을 이해하는 데 도움을 주고자 했습니다. 또한《손자병법》은 총 6,000여 자로 쓰인 책인데, 이 책에는 내용이 중복되는 곳이 많습니다. 그런 까닭에 중복을 피하기 위해 때론 낱말_{한자}을 조합하여 쓰는 등 내용의 효과를 높이고자 했습니다.

둘째,《손자병법》의 각 편마다 주요 내용에 맞는 시대를 초월한 전쟁 예화와 갖가지의 풍부한 사례를 넣어 이해를 돕고자 하였습니다. 이것을 읽는 것만으로도 매우 흥미롭고 지루하지 않게 하면서도, 이 책이 전달하고자 하는 효과를 높이고자 했습니다.

셋째, 이 책은 개개인 누구나에게나 도움이 되기 위해 세계적으로 각 분야에서 성공한 이들의 다양한 성공 스토리와 성공 요소를《손자병법》의 주요 내용과 대비해 분석함으로써 쉽게 와닿을 수 있도록 했습니다.

넷째, 한자에 음音을 달아 한자를 읽고 이해하는 데 불편함이 없도록 했으며, 한자를 익히는 데도 도움이 되도록 했습니다.

그런 까닭에 백 번 싸워 백 번 이기는 것은 최선의 상책이라고 할 수 없다.
싸우지 않고 적을 굴복시키는 것이 최선의 상책인 것이다.

是故百戰百勝 非善之善者也 不戰而屈人之兵 善之善者也
시고백전백승 비선지선자야 부전이굴인지병 선지선자야

손자는 전쟁에서 싸우지 않고 이기는 것이 최상의 상책이라고 하였습니다. 그러기 위해서는 적을 알고 나를 아는 것이 중요합니다.

그런 까닭에 승리하는 군대는 먼저 승리할 수 있는 여건을
조성해 놓고 전쟁을 시작하고,
패배하는 군대는 먼저 전쟁을 시작하고 나서 승리를 구한다.

是故僧兵先勝而後求戰 敗兵先戰而後求勝
시고승병선승이후구전 패병선전이후구승

이 두 문장은 《손자병법》의 핵심 내용으로, 이 책에서도 이를 매우 심도 있게 다뤘음을 밝힙니다. 이는 《손자병법》을 왜 읽어야 하는지에 대한 이유와 목적이자 이 책의 주제이기 때문입니다. 손자는

'승리하는 군대는 먼저 승리할 수 있는 여건을 마련해놓고 싸우지만, 패배하는 군대는 먼저 전쟁을 시작하고 나서 승리를 구한다. 즉 바란다.'고 말합니다. 이는 무엇을 말하는 걸까요. 전쟁을 하는 데 있어 사전에 철저하게 전략을 세우고, 전쟁 준비를 해놓으면 마음자세가 달라지는 것입니다. 즉, 마음으로부터 이기고 싸우게 됩니다. 그만큼 자신감이 있을 뿐만 아니라, 긍정적인 결과를 얻게 되기 때문입니다.

우리의 삶도 전쟁과 다르지 않습니다. 그것이 일이든, 사업이든, 그 무엇이든 무엇을 하기 전에 철저하게 준비하고, 마음으로부터 이기고 시작하면, 성공할 확률이 높습니다. 그만큼 자신감과 에너지가 긍정적으로 작용하기 때문입니다.

공자孔子는 《논어論語》〈위정편〉에서 '오십이지천명五十而知天命'이라 했으니, 이는 '오십에 하늘의 명을 안다.'는 뜻입니다. 하늘의 명을 안다는 것은 그만큼 인생을 깊이 있게 아는 나이라는 것을 말합니다. 하지만 50대가 되어도 하늘의 명을 안다는 것은 쉽지 않습니다. 그것은 많은 수양이 따르는 일이기 때문입니다. 하지만 50대는 50대답게 살면 그것이 곧 천명에 이르는 것과 같다 하겠습니다.

특히, 50대는 인생 2막을 시작하는 인생의 중요한 시기입니다. 우리나라 직장인들은 대개가 50대에 퇴직을 하기 때문에, 앞으로 무엇을 해야 할지에 대해 생각하느라 그 어느 때보다도 생각이 많은 시기입니다. 먹고 사는 문제가 잘 준비되어 있다고 해도 빵만으로는 살 수 없기에 무엇을 해야 할 것인가를 생각하게 되고, 먹고 사는 문제가 준비가 되어 있지 않다면 먹고 사는 문제에 대해 생각하게 되고, 또한 자신이 무엇을 해야 남은 세월을 생산적으로 살아갈 수 있을까를 고민하게 되는 시기가 바로 50대인 것입니다.

그러다보니 몸과 마음이 편치 않습니다. 마치 사춘기를 맞은 아이들이 몸과 마음이 분주하고 불안정한 것과 같다고 하겠습니다. 그런 까닭에 50대를 '제2의 주변인' 즉 '경계인'이라고 할 수 있습니다. 이럴 때일수록 인생의 빛과 소금이 되어줄 대상이 필요합니다. 그 대상이 스승일 수도 있고, 인생의 선배일 수도 있고, 현명한 친구일수도 있고, 책일 수도 있습니다. 그 대상 중에서도 책은 가장 쉽게 접할 수 있는 말없는 삶의 스승이라고 할 수 있습니다. 책은 저자의 삶과 철학, 인생의 경험이 풍부하게 담겨 있는 지혜와 지식의 보고이기 때문입니다. 되도록이면 책을 많이 읽기 바랍니다. 책은 아무리 읽어도 손해보는 일이 없습니다.

이 책은 50대를 위해 쓴 책입니다. 그런 까닭에 50대들에게 가장 현실적인 조언자 역할을 해주리라 믿습니다. 저는 작가이기 전에 50대를 살아본 한 사람의 인생 선배로서 당부하는 바, 자신을 잉여인간剩餘人間으로 생각하는 일이 없기 바랍니다. 그것처럼 참으로 비감하고 스스로를 방치하는 일은 없기 때문입니다.

그리고 또 한 가지 당부한다면 자신을 강화시킬 필요가 있습니다.

"남을 이기려는 자는 반드시 자신을 이겨야 한다."

제자백가 중 잡가雜家의 대표적인 책이자 일종의 백과사전인 《여씨춘추呂氏春秋》에 나오는 말로, 자신을 이기는 자만이 남을 이길 수 있음을 말합니다. 나이가 들수록 몸도 마음도 약해집니다. 그렇게 되면 아무리 좋은 기회가 온다고 해도 자신감 있게 해나갈 수 없습니다. 그런 까닭에 자신의 몸과 마음을 강화시켜야 하는 것입니다.

그렇습니다. 100세 인생을 사는 시대이고 보면, 50대는 한창 무언가를 해야 할 시기입니다. 이 소중한 시기를 생산적이고, 창의적으로 살아가는 50대가 되는 비법이 이 책 속에 있습니다. 이 책이 능동적으로 살아가기 위해 노력하는 50대에게 훌륭한 친구가 되어주리라 믿습니다. 대한민국 모든 50대 여러분의 아름다운 삶을 응원합니다.

김옥림

목차

제1부

시계편 | 始計篇

삶을 유쾌하게 하는 지혜의 전략

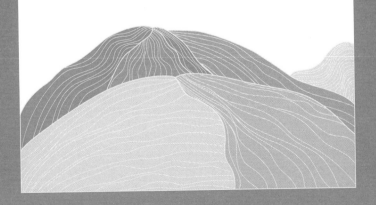

사느냐 죽느냐 그것이 문제다

손자가 이르기를 전쟁은 나라에 있어 중요한 일이다.
죽음과 삶의 문제일 뿐만 아니라,
국가의 존립과 패망을 가르는 일이니 살피지 않을 수 없다.

*

孫子曰 兵者 國之大事 死生之地 存亡之道 不可不察也
손자왈 병자 국지대사 사생지지 존망지도 불가불찰야

사느냐 죽느냐 그것이 문제다

*

"사느냐 죽느냐 그것이 문제로다."

이는 셰익스피어의 희곡《햄릿》에 나오는 유명한 말입니다. 덴마크의 왕자 햄릿은 아버지가 세상을 떠난 후 슬픔 속에 하루하루를 보냈습니다. 그러던 어느 날 아버지 유령이 나타나서 햄릿에게 너의 작은 아버지인 클로디어스가 자신을 죽였다고 말합니다. 클로디어스는 왕의 자리가 탐나 형을 죽이고, 형수인 왕비를 자신의 아내로 삼았습니다. 이 사실을 알게 된 햄릿은 아버지의 원수를 갚기 위해 기회를 엿보지만, 쉽지 않았습니다. 이때 햄릿이 독백 즉 혼자 중얼거린 말이 바로 'to be or not to be!' 즉 '사느냐 죽으냐 그것이 문제로다!'라는 말입니다.

이 말은 매우 심각한 문제에 봉착했을 때, 그 문제가 생사를 가를 만큼 중요하다는 뜻으로 쓰이게 되었습니다. 《햄릿》의 결말을 보면, 햄릿도, 그의 어머니도, 클로디어스도 모두 죽습니다. 그야말로 '사느냐 죽느냐'하는 문제는 인간에게 있어 절대적이라고 할 수 있습니다.

孫子曰 兵者 國之大事 死生之地 存亡之道 不可不察察也
손자왈 병자 국지대사 사생지지 존망지도 불가불찰야

손자는 '전쟁은 나라에서 있어 중요한 일이다. 죽음과 삶의 문제일 뿐만 아니라, 국가의 존립과 패망을 가르는 일이니 살피지 않을 수 없다.'고 했습니다. 그렇습니다. 전쟁은 국가의 존망을 결정짓고, 국민의 생명과 재산을 파괴시키는 무서운 괴물입니다. 우리는 지금 전쟁이 인간에게 미치는 폐해가 얼마나 심각한지 생생하게 느끼고 있습니다. 한 인간의 더러운 야욕이 일으킨 전쟁으로 인해 우크라이나는 큰 곤혹을 치르고 있습니다. 도시마다 파괴되고, 어린이를 비롯한 아무 죄 없는 사람들이 다치고 죽어가고 있습니다. 그야말로 아비규환입니다. 전쟁이 인간에게 미치는 손실이 얼마나 막대한지 보는 것만으로도 소름이 끼칩니다. 전쟁에서 이기면 문제가 없지만 지면 국가의 존폐가 달린 문제이기 때문에 전쟁에서 지지 않으려면 깊이 살펴 반드시 이겨야 하는 것입니다.

《손자병법》은 편찬되었을 당시부터 핵폭탄과 첨단무기가 만들어지기 전까지는 훌륭한 병법서와 처세서의 역할을 톡톡히 했습니다. 그러나 핵무기와 최첨단무기로 무장한 지금은 《손자병법》의 전술이 그리 유용하리라는 생각이 들지 않는 것도 사실입니다. 핵무기를 비롯한 최첨단무기로 전쟁을 한다면, 누가 이기고 지고가 아니라 모두가 생명을 잃을 수 있기 때문입니다. 전쟁은 이기는 쪽이나 지는 쪽이나 피해를 보기는 마찬가지입니다. 현대전은 첨단과학과 속도가 전쟁을 좌우하는 시대이기 때문입니다.

하지만 《손자병법》은 전쟁의 전술에만 유용한 것은 아닙니다. 이를 삶의 다양한 분야에서 적절히 잘 활용한다면, 삶을 지혜롭게 살아가는 데 큰 도움이 되는 것 또한 사실입니다. 다만 《손자병법》의 전술을 어떻게 삶에 적용시키느냐가 문제가 되겠지요. 《손자병법》 전술을 새롭게 재해석하여 현재의 삶에 잘 적용한다면 자신이 인생을 살아가는 데 큰 도움이 될 것입니다.

우리가 사는 현대사회는 그 자체가 커다란 전쟁터입니다. 나아가 전 세계가 치열한 전쟁터인 것입니다. 각 나라는 '경쟁'이라는 '전쟁'에서 뒤처지지 않고 살아남기 위해 고도의 전략을 세우고, 상대국과의 싸움에서 지지 않으려고 온갖 머리를 짜내고 있습니다. 이른바 '경제'전쟁이 바로 그것이지요. 경제력이 국력을 좌지우지하는 시대이다 보니, 막강한 경제력을 지닌다는 것은 곧 싸움에서 승리할 승산이 크다는 것입니다. 전 세계에는 200개가 넘는 국가가 있습니다. 누구나 알다시피 그 중 최대의 경제대국인 미국이 국제질서를 좌지우지하는 세계 경찰국가로서의 역할을 감당하고 있습니다.

이처럼 미국이 초일류 국가이자 최고 강대국이 될 수 있는 데에는 첨단과학을 바탕으로 하는, 최대최고의 경제대국이라는 데 있습니다. 경제의 힘은 참으로 막강해서 경제력이 크면 클수록 군사력 또한 그에 비례하게 되는 것입니다. 그런 까닭에 세계경제를 어느 나라가 지배하느냐에 따라 세계질서와 경제지형의 판도는 큰 영향력을 받는 것입니다. 오래전 국가 간의 전쟁이 영토를 차지함으로써 세를 과시했다면, 오늘날 국가 간의 전쟁은 바로 경제전쟁인 것입니다. 경제전쟁에서 사느냐 죽느냐는 것은 곧 그 자체가 국가의 존폐를 결정짓는 바로미터인 것입니다.

치밀하게 살펴 철저하게 준비하기

*

전쟁을 하게 되면, 사느냐 죽느냐 하는 것이 큰 문제가 됩니다. 전쟁에서 이기면 나의 삶은 지속성을 가지고 살아가게 되지만, 죽으면 그 자체로써 끝이기 때문입니다. 그런 까닭에 반드시 전쟁에서 이겨야만 하는 것입니다. 그러나 삶이라는 전쟁은 그다지 호락호락하지 않습니다. 국가든 기업이든 각 개인이든 이는 다 마찬가지입니다. 수

많은 국가, 수많은 기업과 수많은 사람 들이 저마다의 목표를 가지고 살아가기 때문입니다.

이를 개개인 삶의 관점에서 살펴보면, 사람에 따라 목표가 매우 거창하기도 하고, 보편적으로 볼 때 누구나 생각하는 목표일 수도 있고, 또 사람에 따라서는 아주 소박한 것일 수도 있습니다. 어쨌거나 저마다 자신의 삶의 목표를 지니고 있는 까닭에 내 곁에 있는 친구나, 회사 동료나, 이웃이나 할 것 없이 모두 다 나의 적인 것입니다. 이처럼 치열한 경쟁구조 속에서 자신이 추구하는 삶을 살기 위해서는 치밀하게 살피고 또 살펴서 철저하게 준비해야 합니다. 그래야 상대와의 경쟁에서 밀리지 않고 승산의 기회를 잡아 승리하게 될 수 있으니까요. 개인이든, 기업이든, 그 어떤 기관이든, 국가든 목표를 세울 때 잘 살피고 또 살펴 치밀하고 철저하게 준비하는 것이 얼마나 중요한지를 잘 알게 하는 이야기입니다.

중국 춘추전국시대 월越나라 왕 구천句踐과의 싸움에서 크게 패한 오吳나라 왕 합려闔閭는 적의 화살에 부상당한 손가락의 상처가 악화되는 바람에 죽고 말았습니다. 임종 때 합려는 태자인 부차夫差에게 반드시 구천을 공격해서 원수를 갚으라고 유언을 남겼습니다. 오나라 왕이 된 부차는 아버지의 원수를 잊지 않으려고 장작 위에서 자고, 자기 방을 드나드는 신하들에게는 드나들 때마다 이렇게 말하게 했습니다.

"부차, 너는 월나라 왕 구천이 너의 아버지를 죽였다는 것을 잊어서는 안 된다."

그러면 부차는 임종 때의 부왕에게 한 그대로 대답했습니다.

"예, 결코 잊지 않고 3년 안에 원수를 갚겠습니다."

이처럼 복수를 맹세한 부차는 밤낮없이 비밀리에 군사를 훈련시
키면서 기회를 엿보았습니다. 부차가 복수를 맹세하고 있다는 말을
들은 참모인 범려가 월나라 왕 구천에게 간언하였으나, 이를 듣지
않고 선수를 쳐 오나라를 공격했다가 거꾸로 오나라에 대패하여 회
계산으로 도망하였습니다. 오나라 군사가 포위를 하자 진퇴양난에
빠진 구천은 범려의 계책에 따라 오나라 재상 백비에게 많은 재물을
준 뒤 부차의 신하가 되겠다며 항복을 청원하였습니다. 이때 오나라
의 충신 오자서가 후환을 남기지 않으려면 지금 구천을 쳐야 한다고
말했으나 부차는 백비의 진언에 따라 구천의 청원을 받아들이고 살
려주었습니다.

화의和議하여 목숨을 구한 구천은 월나라로 돌아와 백성들을 살
피고, 전쟁에서 죽은 병사들의 유족을 위로하고 진심으로 보살펴주
었습니다. 백성들의 신임을 얻기 위한 그의 진정성이 통하자, 백성들
도 구천을 충성으로 대했습니다. 구천은 쓸개를 걸어놓고 시시때때
로 핥으며 자신에게 "회계의 치욕을 잊었느냐."고 밤낮으로 되뇌었
습니다. 그리고 쇠약해진 국력을 기르기 위해 백성들을 독려하여 경
제력을 키웠습니다. 나아가 군비軍備를 증강하고 강화하는 한편 오나
라 부차에게는 자신을 굽히며 그를 섬기는 것처럼 꾸며 그를 안심시
켰습니다. 그리고는 그 틈을 이용해 매사를 빈틈없이 철저하게 준비

하였습니다. 절치부심하며 오나라를 공격하기 위한, 만반의 준비태세를 갖추는 데 무려 20년의 세월이 흘렀습니다. 마침내 공격할 틈이 보이자 월나라 왕 구천은 지체 없이 오나라를 공격하여 무찔렀습니다. 전쟁에서 패한 부차는 용동에서 여생을 보내라는 구천의 호의를 사양하고 자결했습니다. 그 후 구천은 부차를 대신해서 천하의 패자가 되었습니다.

未戰先算 多算取勝
미전선산 다산취승

이는 《손자병법》〈시계편〉에 나오는 말로 '전쟁을 하기 전에 미리 계산하여 준비하되, 철저하게 준비를 많이 해야 승리할 수 있다.'는 것을 뜻합니다. 전쟁에서 이기기 위해서는 만반의 준비태세를 갖추는 것이 얼마나 중요한지를 잘 알게 합니다. 준비의 중요성에 대해 미국 건국의 아버지 중에 한 사람인 벤저민 프랭클린은 "준비에 실패하는 것은 실패를 준비하는 것이다."라고 했습니다. 애플 창업자 스티브 잡스는 "공을 던질 때 공을 잡을 준비를 해야 한다."고 말했습니다. 또한 침과대단枕戈待旦이라는 말이 있습니다. 이는 전투태세를 철저히 갖춘 군인의 자세를 이르는 말입니다. 중국 진나라의 장수 유곤이 매일 창을 베개 삼아 잠을 자고, 아침을 기다리면서 적을 물리칠 태세를 준비했다고 하는 데서 유래된 말입니다.

50대, 인생 2막을 시작하기 딱 좋은 나이

*

공자는 《논어論語》〈위정편〉에서 '오십이지천명五十而知天命'라 하였습니다. 이는 공자가 쉰 살에 하늘의 뜻을 알았다고 한 데서 나온 말입니다. 그러니까 쉰 살에야 비로소 하늘의 뜻을 깨달았다는 것입니다. 하늘의 뜻을 안다는 것은 세상의 이치에 통달했다는 것과 다름없습니다. 그런 만큼 오십이란 나이는 인생에서 매우 중요한 시기라고 할 수 있습니다.

그런데 50대에 대개 퇴직을 합니다. 50대에 퇴직해 60대에 연금을 수령할 때까지의 소득이 없는 기간을 '은퇴 크레바스'라고 합니다. 그러다보니 이 기간 동안에 생계를 위협받게 되는데 이에 따른 두려움을 '크레바스 공포'라고 합니다. 퇴직을 해도 노후가 준비되어 있으면 걱정이 없지만, 노후가 준비되어 있지 않으면 '은퇴 크레바스'로 인해 늘 바늘방석에 앉은 것처럼 불안합니다. 그러다보니 퇴직금을 준비금으로 삼아 새로운 일을 벌이게 됩니다. 대개가 치킨가게, 편의점 등 큰 기술이 없어도 할 수 있는 프렌차이즈에 손을 댔다가 실패하는 경우가 대부분입니다. 또 어떤 사람들은 "할 게 없으면 식당이나 하지 뭐."하고 말하곤 하는데, 막상 식당에 손을 대면 십중팔구는 실패합니다.

50대에 무언가를 하기 위해서는 자신이 하고자 하는 일에 대해 전문가에게 자문을 구하고, 치밀하고 철저하게 준비를 해야 합니다.

그리고 돌다리도 두드려 보고 건너는 자세를 잊어서는 안 됩니다. 도처에는 50대 퇴직자들의 퇴직금을 노리는 날카롭고 음흉한 눈길들이 있습니다. 이들의 사탕발림에 넘어가지 않도록 마음의 끈을 단단히 동여매야 합니다. 그것이 나를 지키고, 내 가정을 지키는 일이라는 것을 명심 또 명심해야 합니다.

먹고사는 문제는 인간의 삶에서 매우 중요하다보니 이는 마치 전쟁터에 있는 것처럼 초조하고 불안하지요. 그런 까닭에 무언가를 시작하려면 아주 세밀하게 살피고 치밀하고 철저하게 준비를 해야 합니다. 특히 50대는 인생에서 가장 버거운 시기입니다. 이 시기엔 자녀들 대학공부를 가르치고, 결혼을 시키는 등 가정적으로 돈 쓰는 일이 많습니다. 또 퇴직을 하는 일이 가장 빈번한 시기이기도 합니다.

우리나라 사람들은 생활여건상 노후준비를 하지 못한 가정이 40퍼센트가 넘는다고 합니다. 이는 매우 심각한 일이 아닐 수 없습니다. 자칫 불행한 사태를 맞을 수 있기 때문입니다. 하지만 너무 조급하게 생각하지 않는 것이 좋습니다. 이를 슬기롭게 극복할 수 있는 방법은 얼마든지 있으니까요. 살아오는 동안 아무리 힘들고 어려워도 산입에 거미줄 치는 일은 없다는 것입니다. 무엇보다 중요한 것은 마음의 문제입니다. 언제나 긍정적인 생각으로 마음의 채널을 맞춰놓기 바랍니다. 그리고 지금 자신이 가지고 있는 것이 무엇인지 곰곰이 생각해보세요. 그것이 물질이든, 배움이든, 재능이든, 마음의 여유든.

아무리 많은 것을 소유하고 있어도 자신이 부족하다고 여기면 그 것은 충분한 것이 아닙니다. 그래서 이런 사람들 중엔 자신을 불행 하다고 여기는 사람들이 많습니다. 하지만 가진 것이 적어도 부족하 다고 여기지 않으면 그것은 충분한 것입니다. 이런 사람들 중엔 자 신을 행복하다고 여기는 사람들이 많습니다. 모든 것은 마음의 문제 이고, 그 마음이 긍정적인 방향으로 향하고 있다면, 그런 마음으로 사는 사람은 소박하고 혹은 거친 일을 해도 절대 불행해하지 않습 니다.

"부족하지 않으면 충분한 것이다."

이는《삶이 던지는 질문은 언제나 같다》의 저자이자 '세계를 움직 이는 사상가 50인'에 선정된 찰스 핸디가 한 말로 '먹는 것이든, 입 는 것이든, 돈이든, 그 무엇이든 스스로 부족하지 않다고 여기면 충 분하다.'는 뜻입니다. 사람마다 삶을 바라보는 가치기준이 다르기 때 문입니다. 그러니까 한 평 오두막집에 살아도 자신이 부족하다 여기 지 않으면 충분한 것입니다. 그런 까닭에 50대 이후의 삶을 잘 보내 기 위해서는 내가 무엇을 할 것인지에 대해 생각해보는 것이 무엇보 다 중요합니다.

50대 이후의 삶을 잘 보내기 위해서,

첫째, 먹고 사는 문제가 없는 사람은 취미나 봉사 활동을 통해 자존감을 잃지 말아야 합니다. 아무리 쌀독이 가득 넘쳐도 자존감을 잃으면 몸과 마음이 처지게 됩니다. 이는 자칫 불행을 낳는 씨앗이 될 수 있습니다. 취미와 봉사 활동은 삶의 큰 활력소를 주는 삶의 비타민입니다.

둘째, 새로운 일을 할 수 있는 여건이 된다면, 자신이 하고자 하는 일에 대해 치밀하게 살피고 철저하게 준비해 자신감이 들 때 시작해야 합니다. 단 하나 너무 무리하지 말고 규모를 작게 해서 경험을 쌓은 후 넓힌다면, 실패하지 않고 잘 할 수 있을 것입니다.

셋째, 퇴직자들의 취업을 돕는 국가가 운영하는 교육 프로그램을 이용합니다. 내 돈 들이지 않고 교육받는 동안 교육수당도 지급된다고 하니, 자신에게 잘 맞는 것으로 교육을 받는다면 취업에 큰 도움이 됩니다.

넷째, 도서관이나 평생교육원에서 운영하는 강좌를 통해 자기계발에 힘써 생각이 녹슬지 않게 해야 합니다. 생각이 녹슬면 몸도 마음도 다 녹 쓰는 법입니다.

내 삶의 주인으로 살아가기

장수가 되려면 지혜롭고, 신의가 있어야 하며, 어질고,
용기가 있어야 하며, 엄정해야 한다.

*

將者智信仁勇嚴也
장자지신인용엄야

삶에 끌려가지 말고 삶을 리드하기

*

"훌륭한 장수는 무력을 쓰지 않고, 잘 싸우는 사람은 감정에 치우쳐
공격하지 않고, 맞붙어 싸우지 않고 적을 이긴다. 훌륭한 지휘관은 자
신을 낮출 줄 안다. 이것을 '싸우지 않는 것'의 힘이라고 한다. 또는
'훌륭한 통솔력'이라고도 하고, '하늘의 법칙을 따르는 것'이라고도
한다. 이것이 도道에 가장 잘 맞는 행동원리이다."

이는 노자老子의 《도덕경道德經》 68장에 나오는 말로 뛰어난 장수
가 지녀야 할 자세의 품격이 무엇인지, 전쟁에 있어 뛰어난 장수가

26

왜 필요한지를 잘 알게 합니다.

전쟁에서 장수의 역할은 매우 중요합니다. 장수가 어떤 철학을 가지고 있느냐, 지혜로운가, 신의는 있는가, 어질고 인자한가, 용맹스러운가, 엄정한가에 따라 그 군대의 운명이 좌우될 수 있기 때문입니다. 장수의 마음속에 지닌 철학은 그에게 있어 정신적 지주와 같아, 리더로서의 역할을 튼튼하게 받쳐주는 기둥과 같습니다. 기둥이 튼튼하면 아무리 강한 태풍에도 쓰러지지 않는 건축물처럼 마음이 단단하면 그 어떤 고난이나 어려움이 닥쳐도 흔들림이 없으니까요.

《손자병법》〈시계편〉에는 장수가 갖춰야 할 다섯 가지 조건이 있습니다. '장자지신인용엄야將者智信仁勇嚴也'라, 이는 곧 '지혜, 신의, 어짊, 용맹, 엄정함'을 뜻합니다.

첫째, 지혜는 삶을 통찰하는 거울과 같습니다. 그래서 지혜로운 장수는 상황에 맞게 전쟁의 흐름을 읽어내는 눈이 밝습니다. 한 사람의 지혜로운 장수는 수천수만 명의 적을 손 하나 까딱 안 하고 이길 수 있습니다.

둘째, 신의는 마음과 마음을 단단히 동여매주는 믿음의 끈입니다. 장수가 신의로써 병사들을 대하면, 병사들 또한 신의로써 장수를 대하게 됩니다.

셋째, 어짊은 마음을 따뜻하게 하고, 친근감 있게 해주는 믿음과 소통의 동력입니다. 장수가 어질고 인자하면, 병사들은 어버이 대하듯 존경하는 마음으로 장수를 따릅니다.

넷째, 장수의 용맹스러움은 병사들에게 큰 용기를 심어줍니다. 장수가 용맹하면 병사들 또한 용맹스러워 싸움을 두려워하지 않고 물러남이 없습니다.

다섯째, 엄정해야 합니다. 장수는 어진 반면에 병사들에게도 엄정한 만큼 자신에게도 엄정해야, 병사들이 헛된 일을 꾸미거나 자세가 흐트러지지 않습니다. 자신에게 엄정하되 병사들이 잘못하면 확실하게 벌함으로써 두 번 다시는 같은 실수를 하지 않도록 해야 합니다.

이 다섯 가지를 완벽하게 갖춘 장수는 리더로서 최고의 덕목을 지닌 장수라고 할 수 있습니다. 그래서 위로는 왕으로부터 굳은 신임을 받게 되고, 아래로는 병사들에게 존경을 받게 됩니다. 이런 장수가 된다는 것은 스스로에게도 자랑스럽고 군軍에 있어서나 국가적으로도 매우 큰 자산이 됩니다.

우리는 날마다 삶이라는 전쟁터에서 살아갑니다. 삶과의 싸움에서 이기기 위해서는 스스로 내 삶의 리더가 되어야 합니다. 삶에 끌려가면 자신이 원하는 삶을 살 수 없기 때문입니다. 또한 누군가에게 이끌려가는 삶을 산다면, 자신이 바라는 삶을 살 수 있는 기회를 놓치게 됩니다. 자기주도적인 삶을 살아야 자신이 바라는 삶을 살게 됨으로써 만족한 내가 될 수 있는 것입니다. 자기주도적인 사람이 되기 위해서는 자신이 주인이 되어야 합니다. 이에 대해 독일의 철학자 프리드리히 니체는 이렇게 말합니다.

"욕망이 이끄는 대로 끌려가지 말고, 자신의 행동을 확고히 지배하는 주인이 되라."

여기서 욕망이라는 것은 단순히 탐욕이나 욕심이 아닙니다. 남을 부러워하는 마음, 남에게 의존하는 마음, 남의 것을 무작정 따라하려는 마음 등 자신의 중심으로부터 벗어나는 행위 일체를 말하는 것입니다. 그런 까닭에 욕망이 이끄는 대로 따라가면 자신의 주인이 될 수 없습니다. 자신의 행동을 통제하고 확고히 지배할 수 있어야 합니다. 그래야 고난과 역경을 만나도 꿋꿋하게 나아갈 수 있고, 성공에 자만하지 않으며, 실패에서 대해서도 좌절하지 않고, 그 어떤 상황에서도 흔들리지 않습니다. 그래야 자신의 삶을 리드하는 훌륭한 리더가 될 수 있습니다. 리더가 될 수 있는 사람의 자격에 대해 장자 莊子는 이렇게 말했습니다.

"리더가 될 수 있는 사람은 역경에서도 불만을 품지 않고, 영달을 해도 기뻐하지 않으며, 실패해도 좌절하지 않고, 성공해도 자만하지 않는다."

장자의 이 말에서 보듯 리더는 자신을 통제하고 조율할 줄 알아야 합니다. 견인불발堅忍不拔이란 말이 있습니다. 이는 '굳게 참고 견디어 마음을 빼앗기지 않는다.'는 뜻으로, 아무리 어려운 상황을 맞아도 참고 견디어 마음이 흔들리지 않는다는 굳은 의지를 나타내는 말입니다. 특히, 50대는 인생의 후반을 본격적으로 시작하는 시기입니다. 그런 까닭에 50대 이전처럼 살아서는 안 됩니다. 50대에 걸맞는 삶을 살아야합니다. 그러기 위해서는 자신이 내 삶의 리더가 되어야 하는 것입니다.

내 삶의 리더가 되는 마음공부

*

내 삶의 리더가 되기 위해서는 장수가 갖춰야 할 지혜, 신의, 어짊, 용맹, 엄정함 등 다섯 가지 조건을 몸에 익힐 수 있도록 해야 합니다. 이를 재해석해 삶에 적용한다면 '내 삶의 리더가 되는 마음공부'라고 할 수 있습니다. 내 삶에 리더가 되는 다섯 가지 조건 즉, 마인드를 통해 구체적으로 살펴보도록 하겠습니다.

첫째, 지혜입니다. 지혜는 현명한 마음에서 나옵니다. 지혜로운 사람은 모든 일에 있어 막힘이 없습니다. 지혜는 삶을 훤히 들여다보는 거울과도 같습니다. 그래서 지혜로운 사람은 지혜 하나로 모든 것을 압도하는 힘이 있습니다. 이를 잘 알게 하는 이야기입니다.

"지혜는 그것을 이용하려고 하는 자의 머리 위에서만 반짝인다."

이것은 《탈무드》에 나오는 말로 '지혜를 이용하기 위해서는 스스로 지혜를 길러야 한다.'는 뜻입니다. 지혜를 기르기 위해서는 다양한 독서는 기본입니다. 책은 그 책을 쓴 저자의 통찰력과 지식, 그리고 삶에서 경험한 지혜가 집약적으로 펼쳐져 있습니다. 책을 많이 읽는다는 것은 다양한 '지혜의 비타민'을 습득하는 것입니다. 그리고 선각자들의 삶을 닮도록 노력하는 것입니다. 이것이야말로 자신을 지혜롭고 슬기롭게 하는 가장 수월하고 가장 현명한 방법이니까요.

또한 사색을 통해 지혜를 기르게 됩니다. 중국 춘추전국시대 제나라 재상인 관중管仲은 자신이 쓴《관자管子》에서 '사색은 지혜를 낳는다.'라고 했습니다. 사색은 사물이나 어떤 관점에 대해 깊이 생각하는 것으로, 깊은 생각을 하다 보면 새로운 이치를 깨닫게 되고, 이를 통해 삶을 통찰하는 지혜를 발견하게 되는 것입니다. 그렇습니다. 자기에게 가장 좋은 선생은 자기 자신인 것입니다.

둘째, 신의입니다. 신의는 인간관계에서 매우 중요한 소통수단입니다. 상대에게 믿음을 준다는 것은 상대로부터 자신을 믿게 하는 인증표와 같습니다. 다음 이야기는 신의가 인간관계에서 얼마나 중요한지에 대해 깊은 가르침을 줍니다.

한 귀족의 아들이 방학이 되어 시골에 놀러갔다가 수영을 하려고 호수에 뛰어들었습니다. 그러나 그만 발에 쥐가 나서 귀족 소년은 살려 달라고 소리쳤습니다. 그 소리를 들은 한 소년이 달려왔고, 소년은 망설이지 않고 물에 뛰어들어 그를 구해주었습니다. 귀족 소년은 자신의 생명을 구해준 그 시골 소년과 친구가 되었습니다. 방학이 끝나고 귀족 소년은 런던으로 돌아왔지만 두 사람은 계속 편지를 주고받으며 우정을 키워 나갔습니다. 어느덧 13살이 된 시골 소년이 학교를 졸업하자 귀족 소년이 시골 소년에게 커서 뭐가 되고 싶으냐고 물었습니다. 시골 소년은 의사가 되고 싶은데 가정형편이 어려워 공부할 수가 없다고 힘없이 말했습니다.

귀족 소년은 생명의 은인인 시골 소년을 돕기로 결심하고 아버지를 졸라 그를 런던으로 데려왔습니다. 시골 소년은 귀족 소년의 아버지의 후원을 받아 런던의 의과대학에 다니게 되었고, 그후 포도당구균이라는 세균을 연구하여 페니실린이라는 기적의 약을 만들어냈습니다. 당시는 뇌막염, 폐렴과 같은 박테리아에 의한 병의 치료법이 없어서 많은 사람들이 고통을 당하고 있었는데, 그가 발견해낸 페니실린은 바로 이런 박테리아의 성장을 억제하고 파괴하는 데 강력한 효과가 있었습니다. 이 사람이 바로 1945년 노벨 의학상을 받은 알렉산더 플레밍입니다.

한편 그의 학업을 도와 준 귀족 소년은 공부에는 별 관심이 없었습니다. 그 대신 군인이 되고 싶어 육군학교로 진학했고, 이후 정치가로서 뛰어난 재능을 보이며 26세의 어린 나이에 국회의원이 되었습니다. 제2차 세계대전이 일어났고 전쟁 중 이 젊은 정치가는 그만 폐렴에 걸려 목숨이 위태롭게 되었습니다. 그 무렵 폐렴은 걸리면 열에 여덟아홉은 죽게 되는 불치에 가까운 무서운 질병이었습니다. 이 소식을 들은 플레밍은 당장 그가 있는 전쟁터로 달려갔습니다. 그리고 자신이 만든 페니실린으로 그의 생명을 구할 수 있었습니다. 이렇게 플레밍이 두 번이나 생명을 구해준 이 귀족 소년은 다름 아닌 영국의 위대한 수상 윈스턴 처칠입니다. 처칠과 플레밍은 서로에 대한 신의가 참으로 대단했습니다. 이처럼 신의는 서로의 삶에 빛과 생명과도 같습니다.

信不足焉 有不信焉
신부족언 유불신언

이는 노자의 《도덕경》 23장에 나오는 말로 '믿음이 부족하면 불신이 생긴다.'는 뜻으로 '믿음이 가지 않으면 믿고 따르지 못한다.'는 말입니다. 또 무신불립無信不立 이란 말이 있습니다. '믿음이 없으면 살아갈 수 없다.'는 뜻으로 세상을 살아가는 데 있어 믿음이 매우 중요하다는 것을 말합니다. 그렇습니다. 나이가 들수록 신의는 더욱 필요한 마인드입니다.

셋째, 어짊입니다. 어짊은 공자의 주요 사상인 인仁을 뜻하는 것으로, 어짊은 너그러운 마음, 타인을 사랑하는 애민愛民의 마음에서 나옵니다. 그래서 어진 사람은 관대하고 너그럽고 사랑이 많습니다. 사람이 왜 어질어야 하는지를 잘 알게 하는 이야기가 있습니다.

어느 날 미국의 한 백화점으로 투서가 날아들었습니다. 글에는 백화점 직원 중에 한 명이 자신에게 폭언을 했다는 고객의 항의가 담겨 있었습니다. 내용으로 보아 고객은 매우 흥분한 상태로 짐작되었습니다. 사장은 해당 직원을 자신의 방으로 불렀습니다. 잠시 후, 사장실에 들어온 직원은 혼날 줄 알았는데 오히려 사장의 부드러운 말과 자신의 처지를 이해하고 자신의 어머니 병환까지 챙기는 모습에

감동했습니다. 그 사장은 다름이 아닌 친절의 대명사인 미국의 백화
점 왕으로 불리는 존 워너 메이커였습니다. 만일 그가 직원을 문책
하고 그를 해고했다면 어떻게 되었을까요. 무한한 발전 가능성을 지
닌 직원을 영영 잃게 되었을 겁니다.

仁遠乎哉 我欲仁斯仁至矣
인원호재 아욕인사인지의

이것은 《논어》 〈술이편〉에서 공자가 한 말로 '인덕이 어디 멀리
있는 것인가, 내가 어질고자 하면 어짊에 이른다.'라는 뜻입니다. 즉
어진 성품은 후천적인 노력으로도 얼마든지 만들 수 있다는 말입니
다. 옳은 말입니다. 한때 온당치 못한 일로 원성을 샀던 사람이 자신
의 잘못을 깊이 뉘우치고, 선하고 어진 사람으로 변화한 예를 종종
볼 수 있습니다. 이를 보면 공자가 한 말은 매우 지당하다고 할 수 있
습니다.

넷째, 용맹스러움입니다. 즉 어려운 상황을 만났을 때 잘 헤치고
나가 극복할 수 있는지가 매우 중요합니다. 장수의 용맹스러움은 일
반적인 관점으로 볼 때 굳은 '의지' 즉 '용기'를 말합니다. 의지가 굳
어야 어려운 상황을 헤치고 나갈 자신감이 생기는 법입니다. 다음은
막다른 골목에서 위기를 극복함으로써 승리할 수 있었던 이야기입
니다.

1796년 프랑스군과 오스트리아군이 이탈리아 로디의 어떤 다리

에서 서로 대치하고 있었습니다. 다리 건너편의 오스트리아 진영에는 대포로 무장돼 있었고, 6,000명이 넘는 보병이 포진해 있었습니다. 프랑스 군대는 다리를 건너야 하는데, 상황이 여의치 않았습니다. 생각에 골몰해 있던 나폴레옹은 300명의 기총병 대대를 앞에 세우고, 4,000명의 근위여단으로 공격진열을 갖추었습니다.

나폴레옹의 공격명령이 떨어지자 북소리에 맞춰 기총병 대대가 함성을 지르며 일제히 돌진하였습니다. 그때 오스트리아군의 대포와 소총이 불을 뿜어대기 시작했습니다. 그러자 프랑스 기총병 대대 병사들이 볏단이 쓰러지듯 쓰러지기 시작했습니다. 그 모습을 보고 근위여단도 겁을 먹고 뒤로 후퇴하였습니다. 그 모습을 보고 나폴레옹이 소리쳤습니다.

"물러서지 말고 나를 따르라!"

나폴레옹은 직접 선두에 서서 총알이 빗발치는 다리를 건너기 시작했습니다. 그 모습을 보고 용기를 얻은 프랑스 군대는 함성을 지르며 앞으로 달려 나갔습니다. 순식간이었습니다. 프랑스 군대가 다리를 건넌 것입니다. 그러자 크게 놀란 오스트리아 군대는 대포와 소총을 내던지고 도망치기 시작했습니다. 프랑스 장병들은 만세를 부르며 승리의 기쁨을 누렸습니다. 프랑스 군대는 위기에 처했지만 나폴레옹의 용맹스러움으로 승리를 할 수 있었습니다. 이처럼 용기와 군은 의지만 있다면, 어떤 상황에서도 위기를 극복할 수 있습니다.

명목장담明目張膽이란 말이 있습니다. 이는 중국 당나라의 건국부터 멸망까지 기록한 기전체의 역사책인《당서唐書》〈위사겸전〉에 나오는 말로 '눈을 크게 뜨고, 담력으로 아무것도 두려워하지 않고 용기를 내어 행한다.'라는 뜻입니다. 나이가 들수록 용기와 자신감을 잃어서는 안 됩니다. 용기와 자신감이 있으면 육체는 힘이 빠져도 강한 정신력으로 헤쳐 나갈 수 있기 때문입니다.

다섯째, 엄정함입니다. 장수는 군율을 철저하게 따라야 합니다. 부드러울 땐 부드러워도, 군대를 위급하게 하는 사항이나 명령에 불복종하거나 병사가 자신의 책임을 다하지 못했을 땐 엄정하게 다뤄야 합니다. 그래야 군율을 어기지 않고 자신의 책임을 다하게 됩니다. 엄정함의 중요성을 잘 알게 하는 이야기가 있습니다.

촉한이 위나라와의 전쟁 때의 일입니다. 선봉장을 맡은 마속이라는 젊은 장수가 있었습니다. 그런데 마속은 군사軍師인 제갈공명이 세운 전략을 무시하고, 자기 멋대로 전쟁을 하는 바람에 크게 패하고 말았습니다. 제갈공명은 마속이 괘씸하기 짝이 없었습니다. 군사인 자신의 명령을 어겼다는 것은 항명이기 때문입니다.

"너는 어쩌자고 내 명령을 어긴 것이냐?"

제갈공명은 낮고 준엄한 목소리로 말했습니다.

"죄송합니다. 저의 무례를 용서치 마시옵소서."

마속은 납작 엎드려 대죄를 청했습니다. 전쟁에서 패한 장수는 유구무언이지요. 오직 윗사람의 처분만 기다릴 뿐입니다.

"네 죄를 분명 네가 알렸다!"

제갈공명은 다시 물었습니다.

"네. 그러하옵니다."

마속은 고개를 숙인 채 말했습니다.

"좋다. 내가 어떤 형벌을 내리더라도 나를 원망하지 마라."

"네, 군사어른."

마속은 끝까지 자신의 잘못을 시인하였습니다. 제갈공명은 자신이 너무도 아끼는 참모였지만, 일벌백계一罰百戒하는 심정으로 그를 참하라는 명령을 내렸습니다. 순간 마속의 목이 날아갔습니다. 마속의 죽음 앞에 마음이 쓰리고 아팠지만, 공명정대한 군율을 위해 마속의 목을 베고 만 것입니다. 그래서 생긴 말이 읍참마속泣斬馬謖입니다.

제갈공명은 그 누구라도 잘못하면 엄한 벌을 받는다는 사실을 널리 알림으로써, 실수를 줄이고 끝까지 최선을 다하는 마음을 심어주고자 함이었습니다. 이를 잘 아는 장졸들은 제갈공명의 추상같은 엄격함에 스스로를 게을리 하는 일이 없었고, 자기가 맡은 일에 책임을 다하는 자세를 갖추었습니다.

제갈공명은 스스로에게도 매우 엄정했습니다. 그는 마속의 잘못은 자신에게도 책임이 있다고 여겨, 상소를 올려 스스로 직위를 삼등급이나 강등시켜 그 책임을 지게 해달라고 간청하였습니다. 이에 황제 유선은 제갈공명을 무장군으로 삼고, 승상의 직무를 대행하도록 하였으며, 총괄하는 직무는 이전과 같게 했습니다.

이 이야기를 보면 스스로에게도 엄정했던 제갈공명의 철학을 잘 알 수 있습니다. 그는 만인지상일인지하萬人之上一人之下의 승상이라는 막강한 자리에 있었지만, 부하 장수의 잘못에 대해 스스로 책임지는 모습을 보임으로써 신하와 군사의 도리를 다했던 것입니다. 또한 제갈공명은 철저한 신상필벌信賞必罰주의를 지킨 것으로도 유명합니다. 잘하면 상을 주고, 잘못을 하면 그가 누구든 엄정하게 처리했던 것입니다. 제갈공명이 유비의 책사로 촉한의 부흥을 크게 떨칠 수 있었던 것은 철저한 원칙을 지킨 결과였습니다.

"자신에게 엄정하고 타인에게 관대하라."

이는 공자가 한 말로 스스로에게 엄정해야 잘못된 길로 들지 않습니다. 하지만 타인에게는 관대해야 합니다. 그래야 다른 사람들과 소통함에 있어 무리가 따르지 않고, 좋은 관계를 이어가게 됩니다. 50대는 삶을 좀 더 성숙하게 살아야 합니다. 돈을 탐하고, 명예를 좇고, 과음을 하고, 가볍게 행동을 해서는 안 됩니다. 돈을 탐하다보면 있는 재산을 잃게 되고, 명예를 좇다보면 자칫 추악하게 되어 조롱거리가 되고, 과음을 하게 되면 건강을 잃게 되고, 가볍게 행동하면 믿음을 잃게 됩니다. 내 삶의 리더가 되기 위해서는 반드시 지혜, 신의, 어짊, 용맹, 엄정함을 갖춰야 합니다. 그래야 50대를 자신이 원하는 대로 살아가는 데 있어 큰 도움이 됩니다.

내 삶의 주인으로 살아가기

*

내 삶의 리더가 되어 내 삶의 주인으로 살아간다는 것은 최선의 삶을 사는 것입니다. 그것은 그 무엇보다도 스스로를 행복하고 만족하게 만들기 때문입니다. 사람들 중엔 물질의 풍요로움을 누리고 사는 이들도 있고, 명예를 누리며 사는 이들도 있고, 높은 지위에 올라 만족을 누리며 사는 이들도 있고, 물질의 어려움을 겪으며 사는 이들도 있고, 명예와는 거리가 먼 이들도 있고, 지위와는 상관없이 사는 이들도 있습니다. 이는 저마다에게 주어진 각자의 삶입니다.

그런데 물질이 많아도, 명예를 누려도, 높은 지위에 올라도 행복하지 않다고 하는 이들이 많습니다. 왜 그럴까요? 마음의 결핍을 느끼기 때문입니다. 가진 게 없어도, 명예가 없어도, 지위가 낮아도 행복하다고 말하는 이들이 있습니다. 마음의 결핍을 느끼지 않기 때문입니다. 내 삶의 리더가 되어 내 삶의 주인으로 살면 마음의 결핍을 느끼지 않습니다. 마음의 결핍을 느끼지 않으면 스스로 만족하게 됨으로써, 모든 불행으로부터 자신을 막아내고 모든 불만족으로부터 자신을 지켜내게 됩니다.

미국의 노만 빈센트 필 박사는 많은 사람들에게 자신감을 심어주고, 꿈을 길러준 탁월한 동기부여가이자 목사로 유명합니다. 어느 날 얼굴에 희망의 빛이라고는 찾아볼 수 없는 50대 초반의 한 사내가 축 처진 모습으로 필 박사를 찾아왔습니다. 사업에 망한 사내는 금방이라도 눈물을 쏟을 듯한 표정을 지었습니다. 필 박사는 그의 굳은 마음을 부드럽게 어루만지듯 최대한 친근하게 말했습니다. 사내는 크게 심호흡을 한 번 하고는 이야기를 꺼냈습니다. 그는 한때 사업을 크게 하며 인생의 기쁨을 누리며 살았다고 했습니다. 어떤 때는 이렇게 행복해도 되나 싶은 생각이 들어 두려울 정도였다고 했습니다. 그렇게 인생의 즐거움을 누리며 살던 어느 날, 뜻하지 않은 부도로 모든 것을 잃었다고 했습니다. 그후 자신감을 잃고 희망을 잃어 버렸습니다. 입버릇처럼 "나는 이제 끝이야.", "내가 이렇게 산다는 것은 비겁한 일이야."라는 말이 흘러나왔습니다. 잘나갈 때는 연신 찾아오던 수많은 친구들도 발길을 끊었습니다. 그는 모든 것을 잃었다는 상실감보다 자신을 외면하는 듯한 사람들의 냉정한 태도에 마음이 더 아프다고 했습니다. 그러면서 사내는 말했습니다.

"나 같은 사람은 죽어 마땅하겠지요?"

"천만에요. 당신 나이에 죽는다면 너무 억울하지 않겠습니까? 당신에게는 남은 것이 정말 아무것도 없습니까?"

필 박사가 그를 진정시키며 물었습니다.

"네. 아무 것도 없습니다."

"그래요. 그래도 남아 있는 자산이 있을 것입니다. 사람이든 사물이든 메모지에 한 번 적어 보세요."

"아무 것도 없는데 무엇을 적으라는 말인가요?"

사내는 뚱한 표정으로 되물었습니다.

"무엇이든 적어 보세요. 당신 곁에 있는 것은 무엇이든지요. 부인은 아직 살아 계시지요?"

필 박사의 말에 그는 메모지를 건네주었습니다. 메모지에는 다음과 같이 써 있었습니다. 지금 나에게 있는 것은 첫째, 좋은 아내, 둘째, 사랑스러운 세 아이들, 셋째, 힘이 되어 주겠다는 친구들, 넷째, 정직한 성품, 다섯째, 건강한 몸, 여섯째, 세계에서 가장 부강한 나라에서 살고 있는 것, 일곱째. 믿음을 가지고 있는 것 등이었습니다. "이 정도라면 당신에게는 아주 훌륭한 자산이 남아 있는 것 아닌가요? 하지만 당신은 이런 자산을 두고 지금껏 절망만 하며 지내왔군요. 제가 보기에 지금 당신은 아주 훌륭한 자산을 갖고 있습니다. 안 그런가요?"

필 박사는 그를 보고 웃으며 말했습니다. 사내는 필 박사의 말에 무언가를 깨달았다는 듯 대답했습니다.

"그러고 보니, 제게는 훌륭한 자산이 있었네요. 저는 왜 그 사실을 몰랐을까요?"

"왜냐하면 당신에게 없는 것들만 생각했기 때문입니다. 이제 지나간 것은 다 잊으십시오. 그리고 한 가지 분명히 해야 할 것은 당신이 왜 사업에 망했는지에 대해 생각해보세요. 거기엔 분명히 이유가 있을 겁니다. 그것을 찾아내 반드시 고치십시오. 그리고 나서 지금 당신에게 있는 훌륭한 자산을 바탕으로 새로 시작해보세요. 그러면 당신은 반드시 성공할 수 있을 것입니다."

그후 그는 자신의 잘못된 생각을 하루하루 고쳐나가며 새로운 일을 도모하였습니다. 그렇게 몇 년이 흐른 뒤 그는 전 보다 더 큰 기업을 운영하며 기업의 수익의 일부를 사회에 환원하였습니다. 그러자 세상사는 맛을 온몸과 온마음으로 느낄 수 있어 하루하루를 행복하게 지냈습니다.

이 이야기는 많은 것을 생각하게 합니다. 사업이 망했을 땐 모든 걸 다 잃었다고 생각했는데, 자신의 단점을 고치고 자신감을 회복하고 용기를 갖게 되자 모든 것이 달라지기 시작했습니다. 자신의 몸이 건강하고, 사랑하는 가족이 있고, 좋은 친구들이 있고, 믿음이 있다는 것에서 그는 자존감을 찾게 되었습니다. 그는 가족과 주변사람들을 어질게 대했습니다. 그는 신의를 바탕으로 하여 다시 사업을 시작했습니다. 굳은 의지가 그의 마음속에서 불타올랐습니다.

그리고 부도를 낸 경험을 되살려 매사를 엄정하게 바라보고 처리하였습니다. 그리고 무리하지 않고 그때마다 상황에 맞게 지혜롭게 대처해 나갔습니다. 그렇게 하여 내 삶의 리더가 되자 하루하루 달라지기 시작했고, 마침내 전보다 더 큰 기업가가 되었습니다. 비로소 그는 자신의 삶에 주인으로 거듭난 것입니다. 50대 이전엔 직장에 소속되어 직장이 시키는 대로 살아왔다면, 퇴직 후엔 내 삶의 리더가 되어 내 삶의 주인이 되어야 합니다. 그러기 위해서는 마음공부를 통해 마음을 튼튼히 다져야 합니다.

"마음이 어둡고 심란할 때엔 가다듬을 줄 알아야 하고, 마음이 긴장하고 딱딱할 때는 풀어 버릴 줄 알아야 한다. 그렇지 못하면 어두운 마음을 고칠지라도 흔들리는 마음에 다시 병들기 쉽다."

이는 중국 명나라 말기 때 문인 홍자성洪自誠이 지은《채근담採根譚》에 나오는 말로, 마음을 스스로 다스리고 통제할 수 있어야 함을 의미합니다. 그렇지 않으면 마음의 주인이 되지 못하고, 마음의 구속이 되어 자신의 의지대로 살아갈 수 없습니다.

"힘은 평화로운 마음에서 생긴다. 평화로 가득 찬 마음을 얻으려면 무엇보다도 마음을 텅 비워야 한다. 당신의 마음속에서 두려움과 미움, 불안, 후회, 미련, 죄의식 등을 깨끗이 비워내는 일을 어김없이 실행해야 한다. 당신이 당신의 마음을 의식적으로 비우려고 애쓰고 있다는 그 사실만으로도 당신의 마음은 잠시 동안이나마 휴식을 얻게 될 것이다."

이는 자기계발의 권위자인 노만 빈센트 필 박사의 말로, 마음의 힘을 기르는 방법에 대해 이야기합니다. 평화로운 마음을 갖는다는 것, 마음속에서 두려움과 미움, 불안, 후회, 미련, 죄의식 등의 마음을 왜 비워야 하는지를 잘 알게 합니다.

《채근담》이나 필 박사의 말에서 보듯 마음가짐은 매우 중요합니다. 그렇습니다. 나이가 들수록 마음공부를 통해 자신의 내면을 탄탄하게 다져야 합니다. 그래야만 그 어떤 어려운 상황에서도 흔들리지 않고, 가진 것이 적다해도, 내 삶의 리더가 되어 내 삶의 주인으로서 인생을 즐기며 살게 될 것입니다.

03

삶을 풍요롭게 하는 다섯 가지

그러므로 다섯 가지로 헤아리고 계책으로써 이를 비교하여 실상을 탐색하리니
첫째는 도이며, 둘째는 천이며, 셋째는 지며, 넷째는 장이며, 다섯째는 법이다.

故經之以伍 校之以計 而索基情 一曰道 二曰天 三曰地 四曰將 伍曰法
고경지이오 교지이계 이색기정 일왈도 이왈천 삼왈지 사월장 오왈법

전쟁에서 승패를 좌우하는 다섯 가지

*

적과 싸움에서 이기기 위해서는 전략이 필요합니다. 전략을 어떻게 세우느냐에 따라 승패에 많은 영향을 받습니다. 전략이 승패에 미치는 영향은 절대적이라고 할 수 있습니다. 그런데 전략과 달리 승패를 좌우하는 또 다른 핵심 포인트가 있습니다. 이는 전쟁을 하기 전에 적과의 승패를 가늠하는 데 필요한 요소라고 할 수 있습니다. 이 요소를 어떻게 적용시키느냐에 따라 승패에 미치는 영향은 아주 막대하니까요.

손자는 《손자병법》〈시계편〉에서 '고경지이오 교지이계 이색기정

일왈도 이왈천 삼왈지 사왈장 오왈법 故經之以五 校之以計 而索基情 一曰道 二曰天 三曰地 四曰將 五曰法'라고 썼습니다. 이는 '그러므로 다섯 가지로 헤아리고 계책으로써 이를 비교하여 실상을 탐색하리니 첫째는 도이며, 둘째는 천이며, 셋째는 지며, 넷째는 장이며, 다섯째는 법이다.'라는 뜻입니다. 그러니까 전쟁에서 이기는 다섯 가지 방법을 말하는 바, 이를 오사五事라고 합니다.

먼저, 도道입니다. 손자가 말하는 도는 도의와 도덕을 의미하는 것으로, 백성으로 하여금 군주와 함께하며 같이 죽고, 같이 살게 함으로써 온갖 위험을 두려워 하지 않는 것을 말합니다. 즉, 백성이 군주와 함께하여 살고 죽는 것을 말하며, 이를 군대의 관점에서 보면 바람직한 군대는 장수와 병사들이 하나가 되는 것입니다. 이는 마치 부모가 자식을 사랑하고, 자식은 부모를 섬기는 것과 같아 이런 군대는 똘똘 뭉쳐 적과의 싸움에서 이길 확률이 높습니다.

둘째, 천天입니다. 천이란 하늘의 기상氣象 즉 '대기 중에 일어나는 물리적인 현상을 이르는 것으로 바람, 구름, 비, 눈, 더위, 추위' 등을 말합니다. 이처럼 기상은 자연의 법칙을 따르는 한 부분인 것입니다. 즉 봄, 여름, 가을, 겨울이 순리에 따라 준행하듯 바람이 불고, 비가 오고, 눈이 오는 날씨의 변화는 자연스러운 현상입니다. 이는 무위자연無爲自然을 따르는 것이기에 인위적으로 어찌 할 수 없는 것입니다. 그런 까닭에 전쟁을 할 때 기후 등을 잘 살펴 전략을 세워야 승리하는 데 큰 도움이 됩니다. 그래서 손자가 말하는 '천'의 법칙을 잘 이용해야 하는 것입니다.

셋째, 지地입니다. 땅의 지형을 말합니다. 지형에는 평지平地도 있고, 고지高地도 있고, 습지濕地도 있고, 구릉丘陵도 있습니다. 또 계곡도 있고. 절벽도 있고, 비탈도 있고, 웅덩이도 있고, 모래땅도 있고, 숲으로 둘러 싸인 곳도 있고, 강을 끼고 있는 곳 등 매우 다양합니다. 또 길을 보자면 넓은 길, 좁은 길, 가시덩굴로 얽힌 길, 스펀지처럼 물렁물렁한 길, 돌밭 자갈길 등 아주 다양합니다. 길 역시 지형의 한 부분으로 전쟁을 하는 데 매우 중요합니다. 병력이동과 전쟁보급물자를 옮기는 데 큰 영향을 주기 때문이지요.

넷째, 장將입니다. 장수는 군대의 리더로서 매우 중요합니다. 유능한 장수는 싸움에서 이길 확률이 높기 때문입니다.'장자지신인용엄야將者智信仁勇嚴也'라고 했습니다. 훌륭한 장수는 지혜와 신의, 어짊, 용맹함, 엄정함을 갖춰야 합니다. 지혜로써 이길 수 있는 전략을 세우고, 병사들을 내 몸처럼 아끼되 잘못을 범하면 군율로써 엄히 다스려야 합니다. 그래야 기강이 서기 때문입니다. 그리고 모든 일에 솔선수범하며 덕德으로써 병사들을 대하고, 그 어떤 상황에서도 절대 흔들리는 모습을 보여서는 안 됩니다. 그런 까닭에 때론 풀처럼 부드럽고 때론 산처럼 우뚝하고, 때론 해불양수海不讓水 즉 '바다는 어떤 물도 마다하지 않고 다 받아들이'듯 모든 병사들을 포용할 수 있어야 합니다. 그래야 장수와 병사들이 하나가 되어 적과의 싸움에서 이길 승산이 크기 때문입니다.

다섯째, 법法입니다. 손자가 말하는 법은 군대에서의 법제와 규율 즉 조직과 운영체계 등을 말하는 것으로 보급물자, 보급수송수단, 무기관리, 부대조직을 관리하는 능력 등 전쟁에 필요한 일체를 운용하는 것을 말합니다. 운용의 묘가 전쟁에 미치는 영향은 매우 중요합니다. 운용이 원활하지 않으면 그 전쟁은 패하고 맙니다. 그만큼 전쟁에서 물자보급, 수송수단 등의 운용지원은 전쟁의 승패를 가늠하는 척도라고 할 수 있습니다.

오사五事를 이용하여 뜻을 이루다

*

영국의 명장 웰링턴이 워털루 전투에서 프랑스 영웅 나폴레옹 군대를 이기고 돌아오자, 여왕은 승리를 축하하는 환영 연회를 열어 웰링턴과 병사들을 초대하였습니다. 연회장에는 영국의 쟁쟁한 귀족과 정치가 들을 비롯해 많은 축하객들로 가득하였습니다.

"친애하는 여러분, 오늘 이 자리에는 조국의 이름을 빛내고 우리의 위상을 만방에 떨치고 돌아온 웰링턴 장군과 그의 병사들이 있습니다. 그들의 용기와 애국심에 경의를 표하며 우리 모두 그들을 위해 큰 박수로 환영합시다."

여왕의 말이 끝나자마자 우레와 같은 박수가 터져 나왔습니다.

이에 웰링턴은 자리에서 일어나 화답의 인사를 하였습니다. 그러자 함성과 박수 소리로 연회장이 들썩였습니다. 그리고 이어 맛있는 음식이 나왔습니다. 사람들 앞에는 각자 손을 씻는 물이 담긴 유리그

릇이 놓여 있었습니다. 그런데 바로 그때 어떤 병사가 너무 목이 말라 그만 그 물을 마시고 말았습니다. 그러자 사람들이 웃어댔습니다. 영문을 모르는 병사는 얼굴이 발개져 어쩔 줄을 몰라 했습니다. 그 모습을 본 웰링턴이 자리에서 일어나 유리그릇을 들고 외쳤습니다.

"친애하는 여러분, 우리도 저 용사를 따라 앞에 놓인 물로 건배합시다. 어떻습니까?"

"좋은 생각입니다."

사람들은 기쁨에 취해 있었던 터라 웰링턴의 제안을 기쁘게 받아들였습니다. 웰링턴이 큰소리로 외치자 모두 "건배!"를 크게 외치며 물을 마셨습니다. 그러자 당황하던 병사의 얼굴에 미소가 번졌습니다.

이 이야기에서 웰링턴의 인품을 잘 알 수 있습니다. 그는 일개의 부하 병사의 무안함을 감싸줄 만큼 인정이 깊었습니다. 웰링턴이 잇따른 전쟁에서 승리하고 명장이 될 수 있었던 것은, 부하를 아버지의 심정으로 대했기 때문이며, 병사들은 그런 웰링턴을 믿고 따랐기 때문입니다. 이를 《손자병법》 도道의 관점에서 보면, 군주는 백성들과 함께하고, 장수는 병사들과 함께할 때 그 어떤 위기에도 두려워하지 않고 극복할 수 있는 것처럼, 웰링턴은 병사들을 제 몸처럼 생각하고 병사들은 웰링턴을 신의로 따랐기 때문에 마음이 하나가 되어 이길 수 있었던 것입니다. 마음을 모아 하나가 되면 큰 힘을 발휘함으로써, 적과의 싸움에서 이길 확률이 높기 때문입니다.

1812년 나폴레옹이 러시아로 원정을 떠났습니다. 그때는 6월이었습니다. 러시아에 도착할 때는 가을로 접어들어 전쟁하기 좋은 상황이라 시기를 그렇게 맞춘 것입니다. 하지만 참모들 중 일부는 원정을 늦출 것을 건의했지만, 나폴레옹은 그들의 건의를 무시했습니다. 그런데 예상치 못한 폭염과 강행군에다가, 굶주림과 추위로 인해 결국 나폴레옹은 러시아 원정에 실패하고 말았습니다. 계절에 따른 러시아의 날씨 변화를 예측하지 못하고, 자신감으로 충만한 나폴레옹의 잘못된 판단이 빚은 참사였습니다.

이처럼 날씨는 전쟁에서 큰 영향을 줍니다. 장수라면 날씨의 변화에서 오는 자연현상을 잘 이용할줄 알아야 합니다. 나폴레옹이 큰 고난을 겪은 것을 《손자병법》 천天의 관점에서 보면 기상을 잘 이용하지 못했기 때문입니다. 계절의 변화에 따른 러시아의 기상을 잘 살펴 전략을 세웠더라면, 당시의 나폴레옹이 이끄는 군대의 기세로 보아 러시아 원정은 성공했을 겁니다. 그러나 계절의 변화에 따른 기상의 조건을 간과함으로써 엄청난 피해를 입었던 것입니다. 이처럼 아무리 군대가 막강하더라도 기상조건을 살피지 않는다면 스스로 무너지고 마는 것입니다. 그런 까닭에 전쟁에서 날씨가 미치는 영향은 절대적입니다.

봉오동 전투는 독립군의 영웅 홍범도 장군이 이끄는 독립군 부대가 봉오동에서 일본군과의 전투에서 크게 승리한 전투로 유명합니다. 일본군보다 적은 숫자로 일본군을 대패시킬 수 있었던 것은 지형을 이용한 협공전략이었습니다. 서남산은 적을 속이기 좋은 지형이었습니다. 서남산 여러 곳에 군대를 배치하여 일본군을 유인해 섬멸시킴으로써 독립군의 위용을 떨친 역사적인 전투로 평가받습니다. 전쟁에서 지형을 이용하는 것은 가장 보편적인 전략이지만, 그렇기 때문에 적에게 역이용 당하지 않게 지형을 잘 이용해야 합니다. 전쟁에서 지형을 이용하는 것이 그만큼 중요하다는 것을 뜻합니다.

봉오동 전투에서 독립군이 이길 수 있었던 것을 《손자병법》지地의 관점에서 본다면, 군대의 이동이 불편한 협곡 또는 계곡을 이용하여 협공挾攻한 데 있습니다. 은밀하게 매복하고 적을 유인하여 높은 곳에서 낮은 곳에 있는 적을 공격한다면 적은 걷잡을 수 없는 피해를 입을 수밖에 없습니다. 위에서 아래로 공격하기는 쉬워도 아래에서 위를 향해 공격하기란 쉽지 않습니다. 나무들이 들어 차 있어 시야를 가리고, 또 비탈길을 오른다는 것은 힘이 들기 때문입니다. 홍범도 장군은 지형을 잘 이용함으로써 적은 수의 병력으로 많은 적을 이길 수 있었던 것입니다. 지형을 잘 이용한다는 것은 지원부대를 두는 것과 같이 아주 경제적이며 중요한 전쟁수단입니다.

한편 이순신은 《손자병법》장將의 관점에서 보면 장자지신인용엄將者智信仁勇嚴을 갖춘 대표적인 장군입니다. 그는 유능한 장수가 갖춰야 할 조건을 다 갖춘 멀티 플레이어입니다. 이순신은 어질고, 엄정하고, 지혜롭고, 매사에 빈틈이 없었으며, 다방면에서 뛰어난 재능을 지녔으며, 불굴의 의지를 지닌 덕장德將이자 지장智將이며 용장勇壯이었습니다. 이순신은 자신의 옷을 병사에게 덮어줄 만큼 병사들을 동생과 자식들처럼 대했지만, 군율을 어기면 병사든 일선 지휘관이든 그가 누구든 엄격하게 대한 것으로도 유명합니다. 잘하는 것은 잘하는 대로, 잘 못하면 그에 맞게 대함으로써 군대의 기강을 확고히 했습니다. 병사들의 훈련을 철저히 하고, 무기와 장비를 항상 검열함으로써 군비를 철하게 관리했습니다.

정사《삼국지》의 저자이자 사학자인 진수陳壽는《제갈량집》에서 제갈공명을 다음과 같이 평가했습니다.

"제갈량은 백성들을 안정시키고, 가야 할 길을 제시하고, 시대에 맞는 정책을 내고, 마음을 열고, 공정한 정치를 행하였다. 그리하여 백성들은 모두 그를 존경하고 사랑했다. 형벌과 정치는 엄격했지만 원망하는 자가 없었던 것은 그의 마음가짐이 공평하고 상벌이 명확했기 때문이다."

진수의 말에서 보듯 제갈공명은 공과 사를 엄격히 함으로써 장졸들이 자신의 명을 받들게 했던 것입니다. 또한 제갈공명은 군율을 스스로에게도 엄격히 적용한 것으로도 유명합니다. 그는 자신의 잘못에 대해서는 스스로를 벌하였습니다. 이를《손자병법》법法의 관점으로 본다면 촉한의 제갈공명은 철저하게 법제와 규율을 따랐다는 걸 알 수 있습니다.

삶을 풍요롭게 하는 다섯 가지

*

우리의 삶도 전쟁과 다르지 않습니다. 우리는 가정과 직장, 사회라는 삶 속에서 치열하게 살아갑니다. 치열한 삶 속에서 자신이 추구하는 삶을 살아가기 위해서는 전쟁을 가늠하는 다섯 가지 조건처럼 삶의 필요조건을 갖춰야 합니다. 이 조건은 인간에 대한 예의, 환경적 요소 및 재능, 상황판단능력, 굳은 의지, 기획능력 및 자기관리라고 할 수 있습니다. 이를 자신의 삶에 잘 적용한다면, 자신이 바라는 삶을 살게 됨으로써 행복을 추구하게 되는 것입니다.

첫째, 예의입니다. 예의는 사람들 간에 반드시 지켜할 규범니다. 예의가 바르면 사람들과의 관계를 잘 이어가게 됩니다. 예의 바른 사람은 좋은 이미지를 주고, 거부감을 주지 않기 때문입니다. 그래서 어디를 가든, 누구를 만나든 친근감을 줌으로써 좋은 인간관계를 이어가게 됩니다.

18세기 영국의 정치가이자 외교관인 필립 체스터필드는 뛰어난 인품과 유머, 현실을 직시하는 안목, 뛰어난 지식을 갖췄을 뿐만 아니라 상대방을 배려하는 따뜻한 마음을 지녔습니다. 그가 정계에 진출해 성공적인 정치가가 될 수 있는 데에는 몸에 밴 예절에 있었습니다. 그는 동료정치가와 지지자 들의 권유에도 불구하고 자신의 신념대로 정계를 은퇴하고, 자신의 재산 일부를 사회에 환원하여 노블

레스 오블리주의 품격 높은 삶을 보여주었습니다.

둘째, 환경적 요소 및 재능입니다. 환경과 재능이 그 사람에게 미치는 영향은 상당합니다. 그것은 마치 건강한 몸을 유지하게 하는 신진대사와 같아 자신의 삶을 원활하게 해줍니다.

인류에 공헌한 사람들에게 상을 수여함으로써 그 공적을 기리고자 만든 노벨상. 그 노벨상을 제정하는 데 기여한 알프레드 베르나르드 노벨은 어린 시절부터 과학에 재능을 보였습니다. 그의 아버지 임마누엘 노벨은 발명가이자 공학자였는데 그에게 미친 영향은 절대적이었습니다. 노벨은 지적호기심이 매우 많아 매사에 관심을 보였으며, 특히 폭탄에 관심이 많아 공학자인 아버지로부터 공학의 기초를 배웠습니다. 노벨은 열심히 공부하여 16세 때, 이미 화학에 대한 폭넓은 지식을 습득하였습니다. 노벨이 뛰어난 과학자가 되고, 인류에 크게 기여할 수 있는 데에는 프랑스, 미국, 러시아 등 여러 나라를 다니면서 다양한 연구했던 환경적 요인 덕분입니다.

이렇듯 환경적인 요소가 한 인간에게 미치는 영향은 절대적입니다. 그것은 잠자고 있던 재능을 불러일으키는 긍정적인 에너지가 되어주기 때문입니다. 이런 환경적인 요소는 나이가 들어도 큰 영향을 받습니다. 오십이 되고, 육십이 되고, 칠십이 되는 등 나이 들어 자신의 숨은 재능을 살려 인생을 멋지게 구가하는 사람들을 사회 곳곳에서 볼 수 있습니다. 이들이 이렇게 할 수 있었던 것은 주변의 환경적 요소가 큰 영향을 끼쳤기 때문입니다.

셋째, 상황판단능력입니다. 이는 마치 감지 센서와 같아 어떤 일을 하는 데 있어, 그 일을 결단하고 추진하는 데 매우 중요한 역할을 합니다. 같은 상황에서도 어떤 사람은 포기하지만, 또 다른 어떤 사람을 시도합니다. 이처럼 상황판단능력은 매우 중요한 삶의 요소입니다. 어려움에 처해 있던 IBM을 맡아 세계 최고의 기업으로 성장시키며 최고의 경영자로 평가받는 루 거스너. 그가 최고의 경영자가될 수 있었던 이유는 무엇일까요?

1993년 IBM은 어려운 상황에 내몰리고 있었습니다. 이런 시기에루 거스너는 최고경영자로 초빙되었습니다. 그는 IBM의 문제점을파악한 후 새로운 정책에 힘을 쏟았습니다. 그리고 마침내 어떻게해야 할 것인가를 찾아냈습니다. 그리고 곧바로 그것을 시도했습니다. 그것은 바로 고객의 가치를 최우선으로 하는 정책이었습니다.

그렇다면 그는 어째서 고객의 가치를 기업의 생존전략으로 삼았던 것일까요? 그 이유는 고객이야말로 기업을 살릴 수도 있고, 죽일수도 있는 대상이기 때문입니다. 그는 고객이 원한다면 서비스는 물론 품질향상 등 무엇이든 하겠다는 신념으로 철저하게 고객 위주의경영을 실행하였습니다. 그의 진정성은 고객들의 가슴을 파고들었고, 마침내 비틀거리던 IBM은 다시 부활의 기지개를 켜며 세계가 놀랄 만한 성장을 이룬 것입니다.

명경만리明鏡萬里라는 말이 있습니다. 《후한서後漢書》〈두융전〉에 나오는 말로 '만 리 앞을 내다본다.'는 뜻으로, 판단력이 매우 정확하고 뛰어남을 이르는 말입니다. 특히, 그때마다의 상황판단능력은 삶을 바꾸는 인생의 감지 센서입니다. 감지 센서를 잘 작동하느냐, 못 하느냐에 따라 인생은 달라지는 것입니다. 인간의 수명이 길어진 지금 50대란 인생에서 이제 막 절반을 지낸 시기입니다. 마음만 먹으면 무엇이든 할 수 있는 나이입니다. 퇴직을 안 했다면 퇴직 후 내가 무엇을 할 것인지를 미리미리 준비해야 합니다. 이때 올바른 상황판단으로 자신을 잘 살펴서 앞으로 내가 가야 할 길을 정하기 바랍니다.

넷째, 굳은 의지입니다. 나무를 튼튼하게 받쳐주는 뿌리처럼 의지는 마음을 강하게 받쳐주는 뿌리입니다. 나무뿌리가 탄탄하면 아무리 거센 바람이 불어도 쓰러지지 않는 것처럼, 마음의 뿌리가 강하면 그 어떤 고난 속에서도 쓰러지지 않습니다. 굳은 의지는 불가능한 것도 능히 이루게 하는 강력한 에너지입니다.

확호불발 確乎不拔

이는 《역경易經》에 나오는 말로 '단단하고 굳세어 뽑히지 않는다는 뜻으로, 아주 든든하고 굳세어 마음이 흔들리지 않는다.'는 것을 의미합니다. 이 말의 의미처럼 의지를 강하게 하려면 마음을 든든히 하고 굳건히 해야 합니다. 의지는 마음의 뿌리입니다. 마음의 뿌리가 튼튼해야 그 어떤 어려움도 극복해낼 수 있는 것입니다. 그런데 의지는 나이가 들어감에 따라 약해지는 경향이 있습니다. 특히 퇴직 후 자신이 이제 할 일이 없어졌다는 생각에 서글픈 마음이 들면, 상대적으로 무언가를 하겠다는 의지 또한 급격히 약해집니다. 이는 심리에 따른 것으로, 마음을 긍정적이게 하면 의지 또한 강화할 수 있습니다. 여기서 한 가지 분명히 할 것은 나이가 들수록 의지를 강화해야 한다는 것입니다. 그래야 무엇을 하더라도 자신감을 갖고 잘할 수 있기 때문입니다.

다섯째, 기획능력 및 자기관리입니다. 기획능력은 기획하고 준비하는 모든 과정을 이끌어내는 힘을 말합니다. 자기관리는 그 일을 하기 위해 취해야 할 자세를 말합니다. 아무리 기획능력이 좋아도 그것을 실천으로 이끄는 자세가 되어 있지 않다면 기획능력은 그림 속의 화병이 되고 맙니다. 조지 엘리엇은 좋은 결과를 얻기 위한 실천을 다음과 같이 강조했습니다.

"당신이 어떤 일을 잘 해내려면 올바른 계획을 가져야 한다. 그리고 당신은 당신의 계획을 실천해야만 한다."

삶을 풍요롭게 하는 다섯 가지 조건을 손자의 관점에서 본다면, 예의는 도道요, 환경적 요소와 재능은 천天이요, 상황판단능력은 지地요, 굳은 의지는 장將이며, 기획능력 및 자기관리는 법法으로 이를 오사五事라고 할 수 있습니다. 이 다섯 가지를 철저히 살펴 대비한다면 자신의 삶을 풍요롭게 하는 데 큰 도움이 될 것입니다. 삶을 풍요롭게 하는 성공을 꿈꾸는 사람들은 많습니다. 그러나 성공을 이룬 사람은 적습니다. 왜 그럴까요? 성공을 꿈꾸지만 그 꿈을 이루기 위한 실천적인 노력이 따르지 않기 때문입니다.

04

삶을 유쾌하게 하는 지혜의 전략

전쟁은 속임수이니 이롭게 하면서 적을 유인해야 한다.

*

兵者詭道也 利而誘之
병자궤도야 이이유지

승리를 위한 전략, 속임수

*

전쟁에서 적을 이기기 위해서는 이기기 위한 조건을 갖춰야 합니다. 몇 가지를 살펴보면, 첫째, 적보다 무기가 우수해야 합니다. 무기는 전쟁에서 중요도구로 적을 제압하는 데 매우 효과적입니다. 둘째, 정보전에서 적보다 우수해야 합니다. 정보는 큰 힘을 들이지 않고도 적을 제압할 수 있는 좋은 수단입니다. 셋째, 적을 속여 이기는 것입니다. 전쟁에서 속임수 전략은 가장 보편적인 전쟁수단입니다. 적 또한 이를 잘 알고 있기에 누가 더 적을 잘 속이느냐에 따라 전쟁의 승패는 큰 영향을 받습니다. 넷째, 전쟁군수물자가 잘 갖춰져야 합니다. 특히 먹는 것과 입는 것, 의료품은 매우 중요합니다. 이는 가장 기본적이며 가장 필수적인 전쟁수단입니다. 이밖에도 전쟁에서 이기기 위한 조건은 아주 다양합니다.

특히, 속임수는 머리를 쓰는 것으로써 이를 잘 이용하면 그 어떤 수단보다 유용합니다. 그런 까닭에 고대에서 중세, 근대, 현대에 이르기까지 그 효율성의 가치는 매우 큽니다. '속이다'라는 말은 어감이 매우 부정적이지만 꾀를 내는 것을 말합니다. 그렇다면 '꾀'는 무엇인가요? 꾀의 사전적 의미는 '일을 잘 꾸며 대거나 해결해내거나 하는 묘한 생각이나 수단'을 말합니다. 꾀를 잘 내기 위해서는 지혜가 있어야 합니다. 전쟁에서 속임수는 지혜로 적을 제압하는 고도의 전략을 뜻합니다.

전쟁이란 속이는 것의 연속이다. 그런 까닭에 능력이 있으면서도 능력이 없는 것처럼 보이게 하고, 군대를 쓰되 쓰지 않는 것처럼 보이게 하고, 가까운 곳을 보면서도 먼 곳을 보는 것처럼 속일 것이며, 먼 곳을 보면서도 가까운 곳을 보는 것처럼 적을 속여야 한다. 이롭게 하면서 유인하고, 혼란스러울 때 취득한다. 상대가 충실하면 방비하고 강하면 피한다. 상대가 분노하면 부추길 것이며, 낮은 자세를 보여 적을 교만하게 하고, 적이 쉬려고 하면 피로하게 만들고, 친하게 지내면 이간질 시켜라. 무방비 한 곳을 공격하고, 생각지 못한 곳으로 출격하라.

이것이 병가에서 승리하는 길이니 미리 전하여져서는 안 된다. 전쟁을 하기 전에 미리 묘당에서 셈을 해봐서 승리를 확신하는 것은 이길 묘책이 많다는 것이다. 전쟁을 하기 전에 묘당에서 미리 셈을 해봐서 승리할 수 없다는 것은 이길 묘책이 적다는 것이다. 묘책이 많으면 이기고 묘책이 적으면 이길 수 없다. 하물며 이런 묘책조차 없다면 어찌되겠는가. 나는 이를 근거로 잘 관찰해보면 미리 승부를 예견할 수 있다.

兵者詭道也 故能而示之不能 用而示之不用 近而示之遠 遠而示之近
利而誘之 亂而取之 實而備之 强而避之 怒而撓之 卑而驕之
佚而勞之 親而離之 攻其無備 出其不意 次兵家之勝 不可先傳也
夫未戰而廟算勝者 得算多也 未戰而廟算不勝者 得算少也
多算勝 少算不勝 而況於無算乎 吾以此觀之 勝負見矣
병자궤도야 고능이시지불능 용이시지불용 근이시지원 원이시지근
이이유지 난이취지 실이비지 강이피지 노이요지 비이교지
일이노지 친이리지 공기무비 출기불의 차병가지승 불가선전야
부미전이묘산승자 득산다야 미전이묘산불승자 득산소야
다산승 소산불승 이황어무산호 오이차관지 승부견의

이는 손자가 《손자병법》 〈시계편〉에서 한 말로 전쟁은 속임수라는 것에 대해 함축적이면서도 명료하게 잘 보여줍니다. 이 말에서 보듯 속임수는 아군과 적군의 상황에 따라, 그 방법을 달리해야 한다는 것을 알 수 있습니다. 그렇지 않으면 적에게 공격을 받음으로써 패할 수 있기 때문입니다. 어쨌든 속임수는 전쟁을 하는 데 있어

중요한 전략 중에 하나라는 것을 알 수 있습니다. 현대전에서의 속임수 전략은 때에 따라서는 역효과를 내는 경우도 있습니다. 그래서 속임수 전략은 치밀하고 철저하게 준비해야 합니다. 전쟁은 국가의 존망이 달린 문제이고, 사느냐 죽느냐를 결정짓는 매우 중차대한 일입니다. 전쟁을 할 수밖에 없다면 수단과 방법을 가리지 말고 반드시 이겨야 하는 것이 전쟁의 속성입니다.

손자가 말한 속임수 전략을 구체적으로 살펴보겠습니다.

첫째, 이이유지利而誘之입니다. 이는 적을 이롭게 하면서 유인하는 것입니다. 이롭게 하면 믿게 되지요. 그 틈을 타서 공격하면 승산이 높습니다.

둘째, 난이취지亂而取之입니다. 적이 혼란스러워 우왕좌왕할 때 공격해 빼앗는 것입니다. 혼란스러운 틈이 생기기 마련이지요. 이 틈을 타서 공격하면 효과적입니다.

셋째, 실이비지實而備之입니다. 적이 안정되어 있으면 혼란스럽게 만들어 공격하는 것입니다. 혼란스러우면 심리적으로 불편해지게 되는데 이때 공격하면 의외로 좋은 결과를 얻게 됩니다.

넷째, 강이피지强而避之입니다. 적이 강하면 싸우지 않고 피하는 것입니다. 싸워봤자 승산이 없으니까요. 이럴 땐 일단 피했다 철저하게 준비한 후 틈을 봐서 공격하면 이길 수 있습니다.

다섯째, 노이요지怒而撓之입니다. 적이 분노하면 더욱 화를 부추기어 공격하는 것입니다. 화가 나면 이성을 잃게 되어 경거망동하게 되는데 이때 공격하면 아주 효과적입니다 여섯째, 비이교지卑而驕之입니다. 낮은 자세를 보여 적을 교만하게 만들어 경계심을 버리게 하여 공격하는 것입니다. 경계심을 풀게 되면, 그것처럼 좋은 공격기회는 없습니다. 이럴 때 공격하면 이길 승산이 큽니다.

일곱째, 일이노지佚而勞之입니다. 적이 편히 쉬고 있으면 적을 괴롭혀 피곤하게 만들어 공격하는 것입니다. 사람이 피곤하면 짜증이 나지요. 짜증이 나면 이성적이지 못합니다. 이럴 때 공격하면 매우 효과적입니다.

여덟째, 친이리지親而離之입니다. 적이 서로 친하면 이간질 시켜 적을 분란하게 만들어 공격하는 것입니다. 적이 자기들 끼리 싸우게 되면 이것이야 말로 공격하기 좋은 기회인 것입니다.

아홉째, 공기무비攻其無備입니다. 적이 방어할 준비가 되어 있지 않은 곳을 공격하는 것입니다. 방어할 준비가 되어 있지 않는다는 것은 허점이 그만큼 많다는 것입니다. 그런 까닭에 공략하기 쉽다는 것입니다.

열번째, 출기불의出其不意입니다. 적이 예상하지 못한 곳으로 출격하는 것입니다. 이런 경우 적이 눈치 채지 못한다면 이길 승산이 큽니다. 이 방법이야말로 적을 완벽하게 제압할 수 있는 방법이라고 할 수 있습니다.

속임수도 고도의 전략이 필요하다

*

전쟁에서 적을 속일 때는 고도의 전략이 필요합니다. 누구나 눈치
채고 알 수 있는 속임수는 되려 적에게 노출이 되어 역이용 당할 수
있습니다. 따라서 속임수를 잘 쓰기 위해서는 고도의 전략을 잘 세
워야 합니다. 고도의 전략을 세우기 위해서는 지혜로워야 합니다. 지
혜를 잘 쓰는 것은 속임수의 전략을 잘 세우는 데 있어 가장 확실한
방법이기 때문입니다. 다음은 손자가 말한 속임수 비법을 지혜롭게
이용하여 승리를 거둔 이야기입니다.

  삼국시대의 주유周瑜는 오吳나라 장수로 지혜와 외모가 매우 출
중했습니다. 조조曹操의 위魏나라 수군 도독인 체모와 장윤은 주유의
계략에 말려 조조에게 참살 당했습니다. 뒷날 이것이 주유의 계략인
것을 안 조조는 가슴을 치며 애통해했지만 이미 엎질러진 물이었습
니다. 조조는 오나라를 공략하기 위해 장강長江에 수십 만 대군을 배
치했습니다. 바로 그 유명한 적벽대전의 전초전이었습니다. 도저히
승산이 없다고 생각한 주유는 궁여지책으로 화공작전火攻作戰을 세
웠습니다. 주유는 늙은 장수 황개黃蓋와 머리를 맞대 전략을 짰습니
다. 이른바 거짓 항복을 하는 사항계를 쓰기로 했던 것입니다. 주유
를 비롯해 황개와 장수들이 한자리에 모였습니다. 이 자리에서 황개
는 주유와 각본대로 말했습니다.

"조조의 대군을 도저히 이길 수 없습니다. 소장의 생각으로는 항복하는 게 좋을 듯 합니다."

황개의 말이 끝나자마자 주유는 큰소리로 말했습니다.

"그 무슨 말도 되지 않는 소리인가. 저 자를 매우 쳐라!"

황개는 형틀에 매달린 채 살이 터져 피가 솟도록 곤장을 맞았습니다. 그 모습을 바라보는 주유의 심정은 찢어질 듯 아팠지만 난국을 타계하기 위해서 어쩔 수 없이 선택한 방법임에 안타까워 바라보아야만 했습니다.

이 소식을 전해들은 촉觸나라의 제갈공명은 의미심장한 미소를 지며 말했습니다.

"자신의 몸에 고통을 가하는 고육의 계책을 쓰지 않고는 조조를 속일 수 없겠지."

황개는 심복부하를 시켜 거짓 항복편지를 조조에게 전하게 했습니다. 편지를 읽어 본 조조는 조금도 의심하지 않았습니다. 오나라에 가 있는 첩자인 체모의 두 동생이 보낸 항복의 내용과 일치했기 때문입니다.

"그럼 그렇지. 제 놈들이 감히 나를 넘봐. 항복하는 것이 당연하지. 암 당연하고 말고."

천하의 조조도 고도의 속임수 전략에는 어쩔 수 없었습니다. 뒤에 귀순을 가장한 황개는 조조의 배를 사슬로 묶게 한 뒤 장강을 건너가게 했습니다. 그때 인화물을 실은 오나라 작은 배들이 나타나 조조군의 선단에 불화살을 쏘아 댔습니다. 손쓸 겨를도 없이 조조는 대패를 하고 말았습니다. 이로써 주유의 고육지계苦肉之計는 성공했고 오나라는 위나라에 대승을 거뒀습니다.

오나라가 진퇴양난의 상황에서 택한 방법은 그들을 승리자가 되게 했습니다. 여기엔 주유의 절묘한 계략과 그 계략을 희생정신으로 승화시킨 황개가 뜻을 함께했기에 가능했습니다. 주유가 세운 전략은 '강이피지強而避之'이자 '비이교지卑而驕之'라고 할 수 있습니다. 특히, '비이교지'의 전략을 잘 이용했던 것입니다. 도도하고 교만한 조조를 안심시켰기에 이길 수 있었던 것입니다. 이처럼 적보다 약한 나라가 강한 나라를 이길 수 있는 것이 바로 속임수 전략인 것입니다.

삶을 유쾌하게 하는 지혜의 전략

*

전쟁에서의 속임수 전략은 '지혜의 전략'이라고 할 수 있습니다. 삶에서 지혜의 전략을 잘 사용하면 매우 긍정적인 효과가 있습니다. 이는 가정에서도, 직장에서도, 친구사이에도 적용할 수 있는 유용한 방법입니다. 그래서 좋지 않은 문제가 발생할 때 이를 잘 이용하면 좋은 결과를 얻어 만족한 삶을 살아가게 됩니다.

손자는 '병자궤도야 이이유지兵者詭道也 利而誘之'라고 말했습니다. 즉, '전쟁은 속임수이니 이롭게 하여 적을 유인해야 한다.'는 말처럼, 때론 선의의 거짓말이 필요할 때가 있습니다. 그것이 상대를 기쁘게 하고 자신에게도 생산적이고 창의적인 일이 된다면 선의의 거짓말은 참 좋은 지혜의 전략이라고 할 수 있습니다.

삶을 유쾌하게 살기 위해서는 첫째, 가정의 경우 행복한 삶을 위해 선의의 거짓말로 분위기를 반전시킬 필요가 있을 때에는 지혜의 묘수를 쓰는 것도 좋은 방법입니다. 그러나 자주는 사용하지 않는 것이 좋습니다. 둘째, 친구와의 관계에서 분위가 좋지 않을 때는 자신이 먼저 기회를 만드는 것이 좋습니다. 먼저 손을 내밀면 상대는 어쩌지 못하고 따라오게 되고, 더 좋은 관계를 이어갈 수 있습니다. 셋째, 직장이나 일상생활에서 상대의 잘못을 보게 되면그것이 윤리적으로나 도덕적으로, 잘 못된 것이 아니라면못 본 척해도 좋을 땐 모르는 척하는 것이 좋습니다. 섣불리 말하면 사이가 벌어질 수 있습니다. 넷째, 만일 상대가 내게 꼭 필요한 사람이라면 내가 싫어도 상대가 좋다면 좋은 척해도 좋습니다. 그것이 필요한 사람을 자신 곁에 두는 지혜입니다.

삶을 유쾌하게 한다는 것은 자신의 삶에 에너지를 불어 넣는 생산적인 일입니다. 내 소중한 삶을 위해서라면 꼭 필요할 땐 선의의 속임수 전략 즉 지혜의 전략은 큰 힘을 발휘합니다. 그렇습니다. 생이 깊어갈수록 삶을 좀 더 유쾌하고 의연하고 뜨겁게 살아야 합니다. 사랑하는 사람들을 좀 더 사랑하고, 서로의 잘못을 용서하고 화해하면서 역동적으로 살아야 합니다. 그것이야말로 자신이 자신에게 주는 인생의 최고의 선물이기 때문입니다.

제2부

작전편 | 作戰篇

삶의 전쟁에서 배우는 인생지략人生智略

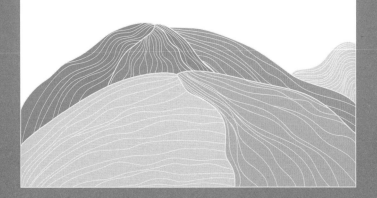

01

삶의 전쟁에서 배우는 인생지략

그러므로 전쟁은 승리를 귀하게 여기지,
오래 끄는 것을 귀하게 여기지 않는다.

*

故兵貴勝 不貴久
고병귀승 불귀구

전쟁은 이겨도 손해 져도 손해다

*

전쟁은 그 어떤 전쟁이라도 백해무익百害無益합니다. 전쟁은 많은 사상자를 낼뿐만 아니라, 도시를 파괴하고, 재산을 잃게 하고, 행복을 빼앗아 버리는 무서운 괴물입니다. 전쟁은 이겨도 손해지만, 지면 더 큰 손해입니다. 그러니까 전쟁은 이기는 쪽이나 지는 쪽 모두에게 참혹한 결과를 남길 뿐입니다. 그러나 피치 못해 하는 전쟁이라면 속전속결로 빨리 끝내도록 해야 합니다. 전쟁이 길어질수록 인명피해는 늘어나고 재산상 손실을 가져올 뿐만 아니라, 인간을 극도의 전쟁공포로 몰아넣어 불안감을 조성하기 때문입니다.

전쟁을 하기 위해서는 많은 전쟁비용이 듭니다. 무기비용, 먹는 것, 입는 것 등의 군수물자, 수송수단인 차량과 유지비를 비롯해 일일이 헤아릴 수 없는 분야에서 천문학적인 돈이 듭니다. 그런 까닭에 빨리 끝내는 것이 모든 면에서 좋습니다.

손자는《손자병법》〈작전편〉에서 '고병귀승 불귀구故兵貴勝 不貴久' 즉 '그러므로 전쟁은 승리를 귀하게 여기지, 오래 끄는 것을 귀하게 여기기 않는다.'라고 했습니다. 이는 전쟁이 길어지면 그만큼 많은 전쟁비용이 들기 때문입니다. 또한 전쟁이 길어지면 인명사상 등 많은 문제점이 따르게 됩니다. 전쟁에 드는 비용에 대해 손자는 매우 구체적으로 제시하였습니다.

첫째, 천리궤양千里饋糧입니다. 이는 천리 길 먼 곳으로 운반할 식량을 말합니다.

둘째, 칙내외지비則內外之費입니다. 이는 안과 밖, 즉 국내와 국외에 드는 비용을 말합니다.

셋째, 빈객지용賓客之用입니다. 이는 국빈을 접대하는 데 드는 비용을 말합니다.

넷째, 교칠지재膠漆之材입니다. 이는 아교와 칠에 드는 비용을 말합니다.

다섯째, 거갑지봉車甲之奉입니다. 이는 수레와 갑옷을 정비하는 데 드는 비용을 말합니다.

이상에서 본 바와 같이 전쟁을 치르기 위해서는 일비천금一備千金

의 비용이 드는데, 이는 하루에 천금의 돈이 든다는 것으로 많은 비용이 든다는 것을 뜻합니다. 이뿐만이 아닙니다. 전쟁이 길어지면 여러 가지 부작용이 따릅니다. 손자는 다음과 같이 말했습니다.

전쟁을 함에 있어 승리를 귀하게 여긴다. 오래 시간을 끌면 병사가 둔해지고 사기가 꺾여 성을 공격할 때도 힘만 다한다. 오랫동안 전쟁을 하면 국가재정은 고갈된다. 군대가 둔해지고 사기가 꺾이고. 군대의 힘이 소진되고 국고가 고갈되면 다른 제후들이 이 폐단을 노려 침략하려 일어설 것이다. 그러면 아무리 지혜 있는 자가 있다 할지라도 그 뒷일을 잘 수습할 수 없게 될 것이다.

基用戰也貴僧 勝久則鈍兵挫銳 攻城則力屈 久暴師則國用不足
夫鈍兵挫銳 屈力殫貨 則諸侯乘基弊而起 雖有智者 不能善基後矣
기용전야귀승 승구즉둔병좌예 공선즉력굴 구포사즉국용부족
부둔병좌예 굴력탄화 즉제후승기폐이기 수유지자 불능선기후의

손자의 말에서 보듯 전쟁을 오래하게 되면 병사들이 지쳐 둔해지고 사기가 떨어집니다. 그래서 성을 공격해도 힘만 소진될 뿐입니다. 그래서 오랫동안 전쟁을 하면 국가재정이 바닥나고, 군대는 둔해지고 사기가 꺾이고 마는 것입니다. 군대의 힘이 소진되고 재정이 바닥나면 다른 제후들이 그 어수선한 틈을 타 침략하려고 일어서게 될 겁니다. 그러면 제아무리 지혜가 출중하다고 해도 그 뒤를 감당할

수 없게 되는 것입니다.

그런 까닭에 손자는 '고병문졸속 미도교지구야 부병구이국리자 미지유야故兵聞拙速 未睹巧之久也 夫兵久而國利者 未之有也'라고 했습니다. 이는 '졸속으로 빨리 끝나는 전쟁이라는 말은 들었어도, 오래 끌어서 교묘하게 이겼다는 전쟁을 들어보지 못했다.'는 말로 즉, 전쟁을 오래 끌어서 국익에 도움이 되는 경우를 본 적이 없다.'는 뜻입니다. 그러니까 한 마디로 말해 전쟁은 오래 끌어봐야 좋을 게 없다는 말입니다.

그런 까닭에 병사를 잘 아는 장수만이
백성의 생명을 관장하며 국가의 안위를 책임지는 주인이다.

故知兵之將 民之司命 國家安危之主也
고지병지장 민지사명 국가안위지주야

손자의 이 말에서 보듯, 병사 즉 전쟁의 속성屬性을 잘 아는 장수만이 백성의 생명을 맡아서 주관할 수 있습니다. 또한 국가의 안위를 책임지는 주인이 될 자격이 있는 것입니다. 그런 까닭에 전쟁은 꼭 이겨야 하는 것입니다. 이기는 것이 곧 전쟁의 목적이기 때문입니다. 전쟁은 국가의 존망을 위협하는 아주 무서운 괴물이기에 반드시 이기는 것이 최선입니다.

"군대가 주둔하는 곳에는 가시덤불이 자라고, 큰 군대 즉 대군이 지나간 곳에는 꼭 흉년이 드는 법이다. 훌륭한 사람은 열매 맺는 것으로 그칠 뿐 즉, 싸울 때 싸우는 것으로 끝날 뿐이니 감히 군대를 강하게 하지 않는다."

이는 노자의 《도덕경》 30장에 나오는 말로 전쟁의 피해가 얼마나 큰지, 전쟁이 얼마나 무익한지를 잘 알게 합니다. 옳은 말입니다. 전쟁은 그 어떤 전쟁이든 무익합니다. 전쟁에서 이기는 쪽도 지는 쪽도 피해가 좀 적고 더할 뿐이지, 피해입기는 다 마찬가지이기 때문입니다. 따라서 전쟁은 어떻게 해서든 안 하는 것이 상책인 것입니다.

삶의 전쟁에서 배우는 인생지략

*

삶은 전쟁입니다. 그 전쟁 속에서 우리는 살고 있습니다. 이 전쟁에서 각자가 꿈꾸는 삶을 살기 위해서는 삶의 전쟁에서 이기는 지략이 필요합니다.

먼저, 삶과의 전쟁에서 낭비를 줄이는 것은 자신의 삶을 윤택하게 하는 길입니다. 50대는 지출이 많은 세대입니다. 사람에 따라 차이는 있겠지만 대학에 다니는 자녀가 있을 수도 있고, 자녀의 결혼식 비용도 필요한 시기이지요. 그런 까닭에 불필요한 낭비는 최대한 줄여야 합니다.

둘째, 불필요한 일에 에너지를 소비하는 일이 없어야 합니다. 부부 사이에 문제가 있거나, 친구나 주변 사람 들과 문제가 있을 땐 오래 끌지 말고 신속하게 그것을 해결해야 합니다. 그래야 에너지를 긍정적인 일에 씀으로써 자신의 삶을 조금이라도 윤택하게 할 수 있습니다.

셋째, 나이가 들수록 늘어만 가는 것은 뱃살과 걱정입니다. 뱃살은 건강을 위협하는 적신호입니다. 뱃살을 줄이는 일에 열중해야 합니다. 또한 불필요한 걱정은 하지 않도록 해야 합니다. 걱정은 생각을 분산시키고, 집중력을 떨어뜨려 삶을 방해해 능력을 소모하게 합니다.

넷째, 비생산적인 일에 시간을 소모하지 말아야 합니다. 카지노라든가 포커 등 사행성을 금해야 합니다. 인생은 한방이라고 말하는 이들이 있지만, 한방을 노리다 한방에 인생을 망치는 일이 있습니다. 이를 경계해야 합니다. 더욱이 50대는 한방을 조심해야 합니다. 그 한방으로 후반기 인생은 암흑천지가 될 수도 있기 때문입니다.

다섯째, 확고한 신념과 믿음의 철학을 길러야 합니다. 신념이 확고하면 굳은 의지가 발생하게 되고, 그 어떤 일에도 두려움이 없습니다. 또한 스스로를 믿을 수 있도록 해야 합니다. 스스로를 믿게 되면 자신감이 충만해집니다. 자신감은 모든 것을 가능하게 하는 원천인 것입니다.

50대란 하늘의 뜻을 알 정도로 삶을 깊이 있게 성찰할 나이입니다. 이런 때에 마음이 쉽사리 흔들리는 일이 없도록 마음의 근육을 탄탄하게 길러야 합니다. 마음의 근육이 허약하면 작은 일에도 허둥거리게 되고, 불필요한 일에 자꾸만 기웃거리게 됩니다. 또 자기중심이 약해 남의 말에 쉽게 빠져듭니다. 그래서 마음이 근육이 허약한 50대들이 문제를 많이 일으킵니다. 50대는 이를 경계해야 합니다. 자칫 방심하다가는 거센 삶의 풍랑을 만나 인생을 송두리째 날려버릴 수 있음을 유념하기 바랍니다. 그렇습니다. 인생이 무참히 무너지지 않도록 삶의 전쟁에서 이기는 지략을 배우고, 마음의 근육을 탄탄하게 길러야하겠습니다. 장자의 다음 글을 마음에 새겨 마음이 흐트러지는 것을 경계하기 바랍니다.

사람마다 마음이 하나로 통일되면
모든 행동도 하나로 통일된다.
그러므로 그 행동이 흐트러지지 않는다.

_ 장자

02

상대의 지혜와 능력을 내 것으로 만들기

포로는 잘 대우해 우리 편으로 양성한다.

*

卒善而養之
졸선이양지

적을 내편이 되게 하기

*

전쟁을 하다보면 적을 사로잡는 경우가 있습니다. 그런데 이때 포로를 함부로 죽여서는 안 됩니다. 세계 최초로 포로를 함부로 학대하거나 죽이지 못하게 법제화한 나라는 1863년 남북전쟁 당시 미국입니다. 그리고 국제적으로 포로에게 인도적 대우를 하도록 명문화한 것은 1864년에서 1949년 동안 맺어진 제네바 협약입니다. 그런데 고대로부터 제네바 협약이 맺어지기 전까지는 포로를 인도적으로 다루지 않았습니다.

고대 중국의 경우, 《춘추좌씨전春秋左氏傳》이나 《사기史記》를 보면 포로를 갱살坑殺 즉, 생매장했다는 기록이 있습니다. 또 죽은 적의 시신을 길 양측에 쌓아 흙으로 채워 피라미드처럼 만들었는데 이를 경관京觀 또는 무군武軍이라 불렀습니다. 이는 자신들의 전공을 자랑하고 내세우기 위해서였다고 하니, 아무리 적이라고 해도 인간으로서는 도저히 할 수 없는 천인공노할 일입니다. 하지만 같은 포로라고 할지라도 왕이나 장군의 인품에 따라 달리한 사례가 있습니다.

진秦나라 시황제의 할아버지 소양왕 때 대장군이었던 백기白起는 장평전투에서 항복한 조나라 군사 40만 명을 학살하였습니다. 학살당한 자가 40만 명이라니, 이런 말도 되지 않는 일이 자행되었다는 것이 그저 놀라울 뿐입니다. 이는 아무리 적이라고 할지라도 있을 수 없는 일입니다. 사람의 목숨은 적군敵軍을 떠나 소중한 것인데, 함부로 학살을 한다는 것은 하늘의 뜻을 거스르는 백번 죽어 마땅한 일입니다.

그러나 당나라 말기의 명장이었던 고인후高仁厚는 반란군 장수가 보낸 첩자를 감화시켜 자신의 편으로 만들었습니다. 고인후에게 사로잡혔다가 돌아간 첩자는 수많은 사람들에게 자발적으로 투항하도록 설득했고, 이로써 고인후는 반란군을 손쉽게 와해시킬 수 있었습니다.

이 두 이야기는 극과 극입니다. 백기는 극악무도한 방법으로 생명의 존엄성을 파괴했지만, 고인후는 인간답고 지혜로운 방법으로 인

명을 중시함으로써 득이 되게 했습니다. 참으로 현명한 처사라고 할
수 있습니다. 이에 대해 손자는 '졸선이양지卒善而養之'라 말했습니다.
이는 '포로로 잡힌 병사는 잘 대우해 우리 편으로 양성한다.'는 뜻입
니다. 손자의 말에서 보듯 적군을 잘 대우해 아군편으로 만든다는
것은 매우 생산적이고 인도주의적인 일이라고 할 수 있습니다. 이렇
게 하면 아군에겐 득得이 되고, 인명을 살상하지 않고 귀한 생명을
보존하는 일이니, 이것이야 말로 현명한 일이 아니고 무엇이겠는지
요. 그런 까닭에 손자의 말은 매우 지당하고 현명하지 않을 수 없습
니다.

그러므로 적을 죽이는 것은 분노 때문이며 적에게 이익을 빼앗는 것
은 재물 때문이다. 전차전에서 적의 전차를 10대 이상 노획한 자가
있으면 먼저 노획한 자에게 상을 주고, 그 전차의 기를 바꾸어 달아
아군의 전차와 섞어 사용하고 병사는 우대하여 양성한다. 이것이 적
을 이기고 더욱 강해지는 것이다.

故殺敵者 怒也 取敵之利者 貨也 故車戰 得車十勝已上
賞基先得者 而更基旌旗 車雜而乘之 卒善而養之 是謂勝敵而益强
고살적자 노야 취적지리자 화야 고거전 득거십승이상
상기선득자 이경기정기 거잡이승지 졸선이양지 시위승적이익강

손자는 '적을 이기고 강해지는 방법 대해 분노함으로써 적을 살

상하고, 이익을 위해서는 재물을 빼앗고, 적의 전차를 10대 이상 노획한 자가 있으면 먼저 노획한 자에게 상을 주고, 노획한 전차의 기를 바꿔 달고 아군의 전차와 섞어 사용하고, 포로는 우대하여 아군으로 만들라.'고 말합니다. 그러면 충분히 강해질 수 있다는 게 손자의 생각입니다. 손자의 말을 생각해보면 충분히 강해질 수 있겠다는 생각이 드는 건 당연합니다. 모든 것이 아군에게 유리하게 적용되기 때문입니다.

전쟁을 잘하는 자는 두 번 징집을 하지 않으며, 군량을 세 번 실어 나르지 않는다. 나라에서 군수품을 모으되 적으로부터 식량을 빼앗는다. 그런 까닭에 군대에는 식량이 충족되는 것이다.

善用兵者 役不再籍 糧不三載 取用於國 因糧於敵 故軍食可足也
선용병자 역부재적 량부삼재 취용어국 인량어적 고군식가족야

손자의 이 말에서 보듯 현명한 장수는 전쟁에 쓰는 식량을 적으로부터 빼앗음으로써 전쟁비용을 절감하게 합니다. 이는 나라의 재정 손실을 막는 아주 중요한 일입니다. 왜냐하면 적지에서 해결하지 않으면 '사자원수 즉백성민師者遠輸 則百姓貧'이라 했습니다. 이는 '운송거리가 멀면 백성들의 삶이 곤궁해진다.'는 뜻입니다. 그러니까 전쟁을 하게 되면 그 피해는 고스란히 백성에게 돌아가니, 적지에서 해결해야 그나마 백성들의 궁핍함을 줄일 수 있다는 것입니다. 이는

당연한 것 같지만 이렇게 하기 위해서는 반드시 전쟁에서 이겨야만 합니다. 그렇지 않으면 화중지병畵中之餠과 같은 일이니까요. 그렇습니다, 적을 사로잡아 내 편으로 만들면 큰 힘이 됩니다. 적을 이용하면 적군에 대해 정보를 얻게 됨은 물론 그로인해 힘을 크게 들이지 않고도 이길 수 있기 때문입니다.

상대의 지혜와 능력을 이용하기

*

상대가 적이든 그 누구든간에 상대의 지혜와 능력을 이용하여 내게 유익이 되고, 내가 성공하고 발전하는 데 있어 도움이 된다면 그것이야말로 상책上策 중의 상책이라고 할 수 있습니다. 그런데 문제는 그렇게 하기 위해서는 상대가 내게 좋은 감정을 가질 수 있도록 해야 합니다. 그가 적이든 그 누구라 할지라도 사람은 자신에게 잘해주면, 그 사람에게 좋은 감정을 갖게 되는 것이 인지상정이니까요.

한고조漢高祖 유방은 농부의 아들로 태어났습니다. 그는 집안일에는 관심을 두지 않고 건달들과 어울려 다녔습니다. 그러다 하급관리인 사수정장이 되어, 당시 여산의 황제릉 조영공사에서 일하는 인부들을 호송하는 일을 맡았습니다. 인부들을 호송하는 중에 도망자가 생기자 인부들을 돌려보내고 자신은 도망처 은거하였습니다. 진나라 말기 진승과 오광이 반란을 일으키자 각지에서 군웅群雄이 봉기하였습니다. 이에 유방도 사람들을 모아 봉기세력의 일원이 되었습니다. 이때 유방에게 그의 인생일대를 변화시킬 인물이 나타나게 되는데, 그가 바로 장자방이라고 불리는 장량입니다.

장량은 소하, 한신과 함께 한나라 건국의 3걸로 불립니다. 이들 셋 중 장량은 유방의 책사로서 전략의 모든 것을 책임진 탁월한 지략가입니다. 유방은 장량에 대해 "군막에서 계책을 세워 천리 밖에서 벌어진 전쟁을 승리로 이끈 것이 장자방이다."라고 극찬하였을 만큼 신임하였습니다. 장량은 대대로 이어온 명문가 가정에서 태어났습니다. 장량의 할아버지인 장개지는 전국시대 한의 소후, 선혜왕, 양왕 등 3대에 걸치는 군주 아래서 재상을 지냈고, 아버지 장평은 희왕, 한혜왕을 섬기며 재상을 지냈습니다. 아버지가 죽고 20년 뒤인 BC 230년에 한나라가 진나라에 멸망하여 집안은 급격히 몰락하였습니다.

장량은 용모가 수려하고 여자같이 빈약했으며, 젊어서 공부에 전념하여 다섯 수레의 책을 읽은 박학다식한 인물이었습니다. 샌님 같은 장량이지만 그에겐 폭풍우 앞에서도 꺾일 듯 꺾이지 않는 풀과 같은 선비의 지조와 기개가 있었습니다. 장량은 한나라를 멸망시킨 진나라 시황제에게 복수를 하기 위해 자신의 전 재산을 팔아 자금을 마련하고 기회를 엿보던 중 시황제가 박랑사지금의 허난 성 양장을 지난다는 정보를 입수합니다. 그래서 자객을 시켜 무게가 30kg이나 하는 철퇴를 던져 시황제를 살해하려 했으나, 다른 수레를 맞추는 바람에 실패를 하고 말았습니다. 이에 장량은 도주하여 이름까지 바꾸어 패국의 하비라는 곳에서 숨어 지냈습니다.

장량이 최고의 지략가인 병법의 고수가 된 데에는 아주 흥미로운 이야기가 있습니다.

《사기》에 실린 일화에 의하면, 장량이 하비에서 숨어 지내면서 후일을 기약하던 어느 날, 그가 다리를 건너는데 남루한 차림의 노인이 자신의 신을 다리 밑으로 던지고는 그에게 신을 주워오라고 하였습니다. 난생 처음 본 노인이 신을 주워 오라는 말에 화가 났지만 장량은 화를 참고 신을 주어다 공손하게 바쳤습니다. 하지만 노인은 자신의 발을 내밀어 대뜸 "이왕이면 신을 신기거라."하고 말했습니다. 장량은 어이가 없었지만 노인의 분부대로 무릎을 꿇고 신을 신겼습니다. 그러자 노인은 웃으며 그 자리를 떠났습니다. 잠시 후 노인이 다시 돌이와 가르쳐줄 것이 있으니, 닷새 후 새벽에 이곳에서 만나자고 하였습니다.

닷새 뒤 장량이 약속장소에 가자, 이미 노인이 와서 기다리고 있었습니다. 노인은 먼저 와서 기다리지 않았다는 이유로 화를 내고는 닷새 뒤에 다시 이곳으로 오라고 하였습니다. 그리고 닷새 뒤에 장량이 그곳으로 갔으나 이번에도 먼저 노인이 와서 기다리고 있었습니다. 노인은 또 다시 닷새 뒤 새벽에 오라고 하였습니다. 장량은 이번엔 아예 밤부터 노인을 기다렸습니다. 얼마 후 나타난 노인은 장량을 칭찬하며 그에게 태공망太公望의 병법서를 전해주며 말했습니다.

"이 책을 배우면 장차 제왕의 스승이 될 수 있을 것이다. 10년 후에는 능히 제왕의 스승이 될 것이다. 그리고 13년 후에 젊은이는 나를 제북의 곡성산에서 만나 볼 수 있으리라. 그때 곡성산 기슭에 노란돌이 하나 있을 것이니 그것이 바로 나다."

말을 마친 노인은 어디론가 홀연히 사라지고 말았습니다. 훗날 장량은 노인의 예언대로 자신이 산에서 발견한 노란돌을 가지고 와 이를 가보로 전했으며, 그가 죽었을 때 무덤에 함께 부장되었다고 합니다.

그 노인이 바로 황석공인데, 이 이야기는 전설일 뿐입니다. 하지만 의미하는 바가 매우 큽니다. 범상치 않은 장량의 인물됨을 잘 알게 하기 때문입니다. 장량의 하비에서의 도피생활은 계속되었고, 항우의 숙부 항백이 사람을 죽이고 도망쳐 온 것을 숨겨주었는데 훗날 항백은 어려움에 처한 그에게 보은을 하였습니다. 그런 가운데 장량은 낮이고 밤이고 태공병법서를 열심히 공부하여 마침내 통달하였습니다.

한나라를 멸망시킨 진나라 시황제에 대한 복수로 절치부심하던 장량은 진승이 난을 일으키자 자신을 따르는 100명의 부하를 데리고 진승을 찾아가다 유방을 만났습니다. 유방은 장량에게 말을 관리하는 구장이라는 직위에 임명하였습니다.

유방과 장량은 뜻이 잘 맞는 동지와 같았습니다. 이에 장량은 자신이 익힌 병법을 유방에게 설명하자 유방은 매우 흡족했습니다. 이에 장량은 '패공은 아마도 하늘이 낸 사람일 것이다.'라고 생각하고 유방과 함께 뜻을 같이 하기로 결심했습니다. 장량은 유방에게 계책을 내어 유방에게 큰 힘이 되어주었습니다. 그의 계책은 신기神技에 가까웠고, 유방이 어려움에 처할 때마다 빛을 발했습니다.

장량은 건달출신인 유방이 가끔씩 주색에 빠질 때나, 그가 자리를 비웠을 때 역이기가 알려준 계책에 온당치 못할 땐, 격한 반응을 보이며 직언直言도 서슴지 않았습니다. 그런데도 유방은 화를 내기는커녕 자신의 잘못은 인정하고 순순히 장량의 말을 따랐습니다. 그만큼 장량을 믿고 의지하였던 것입니다. 수많은 전투에서 패배만 하던 유방은 장량의 계책에 따라 한신과 팽월과 연합하여 해하전투B.C 206년에서 항우를 격퇴시키고 승리하였습니다. 장량은 한신과 팽월을 끌어 들임으로써 유방이 해하전투에서 항우를 물리치고 승리함으로써 유방이 한나라를 세우는 데 크게 기여하였습니다.

유방은 일자무식에다 배운 것은 없었지만 사람을 함부로 대하고 자기 멋대로 하는 항우와는 달리, 사람을 대할 줄 알았습니다. 그가 세력을 키우던 당시 그의 주변 사람들은 그의 인간다움에 그를 지지하고 따랐던 것입니다. 유방은 장량의 말이라면 그 어떤 말도 다 받아들였습니다. 장량은 자신이 뜻을 펼치는 데 없어서는 안 될 사람으로 본 것이지요. 그의 사람 보는 눈은 정확했던 것입니다. 유방은 자신에게 모자라는 지혜와 능력을 장량에게서 가져와 자신을 한고

조가 되게 했던 것입니다.

예로부터 군왕은 아랫사람을 잘 쓰면 성군이 되고, 아랫사람을 잘 못 쓰면 폐군廢君이 된다고 했습니다. 유방은 아는 것은 없었지만, 사람 보는 눈은 있어 장량이란 걸출한 인물을 내 편으로 만든 까닭에 천하제일이라 일컫는 항우를 물리치고 한고조가 될 수 있었습니다.

상대의 지혜와 능력을 내 것으로 만들기

*

페이스북 공동설립자이며, 메타Mata 회장이자 CEO인 마크 저커버그는 약관의 20대에 이미 세계적인 부호가 되었고, 날마다 자신의 꿈의 역사를 새로이 쓰고 있습니다. 약관의 나이에 억만장자 3위2021년에 오른 그의 비결은 어디에 있을까요. 그의 천부적인 재능에 창의적이고 성실한 마인드에 있습니다. 또한 사람들과 끊임없이 소통하며 새로운 비전을 향해 진화를 멈추지 않는 데 있습니다. 그는 사람들과의 관계에 있어 소통의 중요성을 일찍이 간파하고 페이스북을 설립하였는데, 이것이 현시대적 상황과 잘 맞아떨어짐으로써 오늘의 그가 된 것입니다. 페이스북의 규모가 점점 커지자 많은 인재가 필요했습니다. 저커버그는 인재를 매우 중요하게 생각했습니다. 훌륭한 인재가 회사발전에 막대한 영향을 끼치기 때문입니다. 그래서 저커버그는 인재를 영입하는 데 많은 관심을 기울였습니다.

특히, 저커버그가 영입한 인재 중 가장 공을 들인 사람은 구글에서 근무를 한 셰릴 샌드버그입니다. 샌드버그는 구글의 광고 비즈니스의 책임자로서 기초를 이루게 한 뛰어난 전문가입니다. 페이스북은 사용료 없이 무료로 서비스를 제공하고 순전히 광고에만 수익을 의존하는데 이에 대한 전문가가 필요했던 것입니다. 광고를 어떻게 하느냐에 따라 페이스북의 성패가 달려 있기 때문이었습니다. 왜냐하면 페이스북이 하는 것처럼 무료로 서비스를 하는 회사가 계속해서 나타나다 보니 위기감을 느낄 수밖에 없었습니다. 그런데 문제는 사용자들의 감정을 상하지 않게 하면서 광고효과를 거둘 수 있는 새로운 형식의 광고를 필요로 했습니다. 그래서 이리저리 인재를 찾다 보니 구글의 샌드버그가 가장 적격이었습니다.

저커버그는 샌드버그에 전화를 걸어 정중히 자신의 의사를 밝히고 여러 차례 만남을 갖게 되었습니다. 그녀를 만나면서 자신의 생각을 전달하고, 그녀의 됨됨이와 어떤 생각을 가지고 있는지를 자세히 알고 싶었습니다. 자신과 뜻이 맞으면 20년이고 30년이고 같이 근무를 해야 할 지도 모르는데, 그러기 위해서는 자세히 알아야 한다는 것이 저커버그의 생각이었습니다. 이때 저커버그는 23세의 어린 나이였습니다. 하지만 그는 이미 자기 나름대로의 지위를 확고히 한 상태로 평가받고 있었습니다. 저커버그는 여러 차례 샌드버그를 만나면서 그녀야 말로 자신이 필요로 하는 사람이라는 걸 확신했습니다. 그녀를 채용하기로 결심을 굳힌 저커버그는 샌드버그을 모두 50시간 넘게 만났습니다. 그만큼 샌드버그는 저커버그에게 필요한 인재였습니다. 저커버그는 광고의 천재 샌드버그를 영입함으로써 페이스북을 크게 성장시킬 수 있었습니다.

우리는 여기서 분명히 알아야 할 게 있습니다. 지혜와 능력이 뛰어난 사람일수록 내 사람으로 만들려면 공을 들여야 합니다. 자타가 인정하는 능력자는 그런 만큼 자긍심과 자존감이 강합니다. 또 자존심이 강합니다. 자칫 섣불리 대하다가는 오히려 불신을 사게 될 수 있습니다. 그런 까닭에 최선의 예를 갖춰 자신이 대접받는다는 생각을 갖도록 만들어 합니다. 동서고금을 막론하고 성공한 사람에게는 지혜롭고 뛰어난 능력자가 있었습니다. 촉나라 유비에게는 제갈공명이 있었고, 한나라 유방에게는 장량이 있었고, 위나라 조조에게는 순욱이 있었으며, 당나라 이세민에게는 위징이 있었습니다. 이들은 중국 역사에서 최고의 지략가로 평가받는 사람들입니다.

"사람과 사람 사이의 인연은 먼저 노력하지 않으면 얻을 수 없다."

이는 《논어》의 〈위령편〉에 나오는 말로, 좋은 사람을 자신 곁에 두기 위해서는 자신이 먼저 좋은 모습으로 다가가야 합니다. 그래야 상대방도 마음의 문을 열고 다가오는 법입니다. 그렇습니다. 자신이 원하는 사람을 곁에 두기 위해서는 자신이 먼저 상대의 마음을 사기 위해 노력해야 합니다. 그래야 자신이 원하는 사람을 얻을 수 있습니다.

제3부

모공편 | 謨攻篇

상대를 알고 나를 알면 이길 수 있다

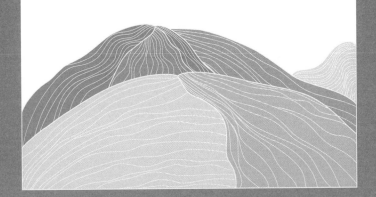

싸우지 않고 이기기

> 그런 까닭에 백 번 싸워 백 번 이기는 것은 최선의 상책이라고 할 수 없다.
> 싸우지 않고 적을 굴복시키는 것이 최선의 상책인 것이다.
>
> *
>
> 是故百戰百勝 非善之善者也 不戰而屈人之兵 善之善者也
> 시고백전백승 비선지선자야 부전이굴인지병 선지선자야

싸우지 않고 이기는 것이 상책이다

*

전쟁에서 싸우지 않고 적을 굴복시킬 수 있다면 그것이야 말로 최선의 상책이요, 최고의 승리라고 할 수 있습니다. 아군이든 적군이든 서로 살상을 한다는 것은, 하나뿐인 목숨을 잃게 하는 어리석고 비참한 일이 아닐 수 없습니다. 하여, 손자는 '부전이굴인지병 선지선자야不戰而屈人之兵 善之善者也'라 말했으니, 이는 '싸우지 않고 적을 굴복시키는 것이 최선의 상책'이라는 뜻입니다.

참으로 온당하고 지혜로운 말입니다. 그 어떤 전쟁도 안 하는 것이 좋지만, 전쟁을 하게 되면 무조건 이겨야 합니다. 이때 전쟁의 여러 승리요건 중에 유능하고 뛰어난 장수는 필수입니다. 뛰어난 장수의 역할에 따라 전쟁에서 승리할 수 있기 때문입니다. 이에 대해 손자는 '부장자 국지보야夫將者 國之輔也'라고 했습니다. 이는 '뛰어난 장수는 나라를 지탱하는 든든한 버팀목'이라는 뜻입니다. 뛰어난 장수한 명은 수천수만 명을 물리칠 수 있는 능력이 있는 까닭입니다.

위나라와의 전쟁이 한창이던 때에 오호장군 가운데 한 명인 황충이 제갈공명에게 말했습니다.

"군사어른, 이번 싸움의 선봉은 제가 서겠습니다."

그러자 제갈공명이 말했습니다.

"장군이 천하의 명장이나 나이도 있고 하니, 이번 선봉은 젊은 장수가 맡는 것이 좋을 듯합니다."

제갈공명의 말에 황충의 피가 끓어올랐습니다. 제갈공명의 말은 황충의 자존심을 긁어 놓았던 것입니다. 물론 이는 제갈공명의 의도적인 말이었습니다. 황충의 전의를 불태워 그가 선봉에 섬으로써 그로 하여금 최선을 다하게 하려는 계산이 깔려 있었던 것입니다. 아니나 다를까 황충은 제갈공명에게 이렇게 말했습니다.

"군사어른, 이번 싸움에서 모자람이 있다면 군령장을 써서 목숨을 바치겠습니다."

황충의 말에 제갈공명은 기다렸다는 듯이 그를 선봉장에 명하였습니다. 그리고 황충은 제갈공명의 의도대로 승리를 이끌어냈습니다. 상대의 심리를 정확히 꿰뚫고 그의 능력을 배가하는 제갈공명의 용인술은 한 편의 드라마를 보는 듯 선명합니다. 만일 제갈공명이 황충의 건의를 받아들여 처음부터 그의 뜻대로 하라고 했다면 어떻게 되었을까요?

황충은 당연한 듯이 여겨 자신의 능력을 과대평가하는 자만심으로 자칫 싸움에서 패하게 될 수도 있었을 것입니다. 제갈공명은 그런 마음까지 꿰뚫고는 오히려 그를 자극함으로써 능력을 배가시켜 좋은 결과를 이뤄낼 수 있었습니다. 제갈공명이 황충에게 시도한 용인술을 격장법隔帳法이라고 합니다. 격장법이란 경쟁관계에 있는 이를 자극하여 보다 능동적으로 움직이게 하기 위한 용인술입니다. 이는 어찌 보면 속이 빤히 보이는 얄팍한 언술言術처럼 보이지만, 그 효과는 의외라고 할 만큼 크다는 것을 알 수 있습니다.

이를 자주 활용하는 것은 그리 달가운 것은 아니나, 상황에 따라 적기에 활용하면 좋은 효과를 낼 수 있습니다. 사람이란 복잡미묘한 존재이나, 속보이는 일인지를 알면서도 기꺼이 자신이 그 일을 하겠다고 나서니까요. 왜 그럴까요? 한 마디로 자존심 때문입니다. '내가 왜 저 사람만 못하단 말인가. 저 사람이 한다면, 나는 더 잘 할 수 있어. 그 일은 내가 반드시 해야 돼.' 이런 생각에 한 번 갇히면 빠져 나오기 힘듭니다. '자존심'이란 자물쇠에 채워져 있어, 그것을 열기 위해서는 반드시 자신이 해야만이 직성이 풀립니다. 그리고 그 결과는 대개 긍정적으로 나타납니다.

제갈공명처럼 뛰어난 군사나 장수는 자신의 부하든 적이든간에 능수능란하게 다루어 좋은 결과를 얻게 하니, 나라의 버팀목이자 보배인 것입니다. 그런 까닭에 뛰어난 장수는 누구의 간섭을 받거나, 제약을 받게 되면 능력을 발휘하는 데 문제가 따릅니다. 간섭이나 제약을 받게 되면 자존심에 상처를 입게 돼 긍정의 에너지가 감소하게 되기 때문입니다. 그런 까닭에 군주가 간섭하거나 조정에서 왈가왈부하는 것을 조심해야 합니다.

손자는 이에 대해 '장능이군부어자승將能而君不御者勝'이라 했습니다. 이는 '장수는 유능하고 군주가 전쟁에 간섭하지 않으면 승리한다.'는 말입니다. 장수에게 맡겼으면 믿어주고 격려해서 힘을 북돋워주는 것이 군주의 도리입니다. 동서고금에서 군주의 간섭이 심하면 전쟁에서 지는 사례가 적지 않았습니다. 하지만 격려하고 믿어주면 전쟁에서 승리하는 사례가 많았으니, 믿고 격려하는 것이야 말로 장수의 능력을 배가하는 참 좋은 지혜인 것입니다. 싸우지 않고 적을 이기기 위해서는 제갈공명처럼 뛰어난 지략가와 장수가 반드시 있어야 합니다.

그런 까닭에 최상의 용병은 적의 모략을 깨뜨리는 것이며, 차선은 적의 외교를 봉쇄하는 것이며, 그 다음으로는 적의 군대를 직접 공격하는 것이며, 하책은 적의 성을 공격하는 것이다.

故上兵伐謀 其次伐交 其次伐兵 其下攻城
고상병벌모 기차벌교 기차벌병 기하공성

손자는 적을 이기는 네 가지 방법에 대해 이와 같이 말했습니다.

첫째, 상병벌모上兵伐謀입니다. 이는 '전쟁에서 최상의 전법은 적의 모략을 깨뜨리는 것'입니다. 적의 모략을 깨트리면 큰 힘들이지 않고 적을 제압할 수 있습니다.

둘째, 기차벌교其次伐交입니다. 이는 '적의 외교를 단절시키는 것'을 말합니다. 적이 다른 나라에 도움을 요청하거나 지원하는 것을 막으면 쉽게 이길 수 있습니다.

셋째, 기차벌병其次伐兵입니다. 이는 '적의 군대를 직접 공격하는 것'입니다.

넷째, 기하공성其下攻城입니다. 이는 '최하의 방법으로 적의 성을 공격하는 것'입니다. 적의 성을 공격한다는 것은 힘을 많이 들여야 하는 까닭입니다.

이 네 가지 방법 중에 첫 번째 방법인 적의 모략을 깨트릴 수 있다면, 싸우지 않고 충분히 적을 이길 수 있습니다. 그렇습니다. 뛰어난 지략가와 뛰어난 장수가 있고, 적의 모략을 깨트릴 수만 있다면 이는 싸우지 않고 적을 이길 수 있는 최선의 상책인 것입니다. 우리의 삶 또한 마찬가지입니다. 살아가다 보면 의도하거나 의도하지 않는 경우에도 사람들과의 이해관계로 문제가 되는 경우가 많습니다. 이때 무리를 가해서 해결하려고 하거나, 옳지 않은 방법으로 해결하려고 하면 도리어 상대에게 당할 수 있습니다. 상황에 따라 그에 맞는 최선의 방법이 무엇인지 심사숙고한다면, 싸우지 않고 상대를 이길 수 있습니다.

싸우지 않고 적을 이기는 법

*

중국 남송시대 때 학자 나대경이 손님들과 주고받는 내용을 엮은 책이 《학림옥로鶴林玉露》인데 종고선사가 선禪에 대해 말한 기록이 있습니다.

> **"한 수레의 무기를 가득 싣고 와서 하나를 놀려 마치면 또 다른 하나를 꺼내 가지고 와서 놀리는 것 같지만 이것이 사람을 죽이는 수단은 아니다. 나는 단지 손가락 마디만한 쇳조각이 있지만 이것으로 사람을 죽일 수 있다."**

'사람을 죽이기 위해서는 한 수레의 무기가 필요치 않습니다. 손가락 마디만한 쇳조각만으로도 충분하다.'는 뜻입니다.

여기서 말한 '살인殺人'이란, 무기로 사람을 죽이는 것이 아니라 마음속에 속된 생각을 없애는 것을 의미합니다. 이 이야기에서 유래한 말이 촌철살인寸鐵殺人입니다. 그러니까 '촌철寸鐵'이란 한 치도 안 되는 무기로 사람을 죽인다.'라는 뜻으로, 이 말의 참뜻은 누군가를 설득할 때 장황하게 말을 늘어놓기보다는, 상대의 의중을 충분히 파악한 다음 시의 적절하게 한두 마디로 상대의 의표를 찔러 당황하게 만들거나 감동시키는 것을 비유하여 일컫는 말입니다.

제갈공명이나 장량 등 예로부터 뛰어난 지략가들은 지혜롭고 촌철살인적인 한 마디 말로, 상대방의 의중을 공략함으로써 피 한 방울 흘리지 않고 상대를 제압하였습니다. 이렇듯 말은 단순히 '말'만이 아닙니다. 때에 따라선 말은 사람을 살리고 죽일 수도 있는 무기인 것입니다. 또한 잘한 한 마디의 말은 인생을 성공으로 이끄는 자산이 되기도 합니다. 때론 한 마디의 말은 핵무기보다도 강한 폭발력이 있습니다. 그래서 오랜 옛날엔 싸우지 않고 말 한 마디로 적을 완벽하게 제압했다는 기록이 있습니다. 물론 현대에도 마찬가집니다. 국가와의 사이에 벌이는 외교전은 말의 전쟁인 것입니다. 여기서 말을 누가 더 지혜롭고 합리적으로 하느냐에 외교전에 있어 승리자가 되는 것입니다.

말은 싸우지 않고 적을 완벽하게 굴복시킬 수 있습니다. 손자는 '부전이굴인지병不戰而屈人之兵'이라 했습니다. 즉, '적과 싸우지 않고 온전히 굴복시키는 것'을 뜻합니다. 전쟁을 하는 데 있어 이것이야말로 참 지혜이며 최상의 상책인 것입니다. 싸우지 않고 적을 제압할 수 있다면, 살상을 하지 않아도 되고, 전쟁물자로 인한 경제적 손실을 막을 수 있고, 전쟁으로 인한 공포를 느끼기 않아도 되기 때문입니다.

중국 전국시대의 정치가인 굴원이 초나라 회왕의 좌도라는 중책을 맡고 있던 중 쫓겨났습니다. 그러자 진나라는 이를 반기며 좋아했습니다. 그의 지략이 사라진 초나라는 더 이상 두려워하지 않아도 된다는 생각에서입니다. 이 기회에 진나라는 제나라를 공격하려고 했는데, 제나라는 초나라와 합종을 맺고 있어 진나라 혜왕에게 이는 큰 걱정거리였습니다. 그래서 혜왕은 재상이자 지략가인 장의에게 일러 이를 도모하라고 했습니다. 장의는 진나라를 떠나 많은 예물을 초나라에 바친 뒤 이리 말했습니다.

"진나라는 제나라를 매우 미워합니다. 그런데 제나라는 초나라와 합종을 맺고 있나이다. 이에 초나라가 제나라와 관계를 끊는다면 진나라는 상과 오의 땅 600리를 바치겠습니다."

그러자 초나라 회왕은 장의 말만 믿고 제나라와 국교를 끊고 진나라로 사신을 보내 땅을 받아오게 하였습니다. 하지만 장의는 초나라 사신에게 말도 되지 않은 이야기를 했습니다.

"나는 초나라 왕에게 땅 6리를 준다고 약속했지 600리라는 말은 하지 않았소이다."

초나라 사신은 사실과 다른 장의의 말에 화를 냈습니다. 그리고는 그 길로 돌아와 회왕에게 사실대로 말했습니다. 회왕은 분노하며 군대를 이끌고 진나라를 공격하였습니다. 진나라도 즉각 공격을 가해 단수와 석수에서 초나라 군대를 크게 이기고 8만 명의 목을 베고 장수인 굴개를 사로잡았습니다. 마침내 진나라는 초나라 한중 땅을 차지하였습니다.

초나라 회왕은 군대를 총동원해 진나라 남전藍田 깊숙이까지 공격하였습니다. 위魏나라는 그 소식을 듣고 초나라를 공격해 등鄧에까지 이르렀습니다. 그러자 초나라 병사들은 겁을 내며 진나라로 돌아왔지만, 제나라는 초나라가 자신의 나라와 합종을 단절한 것에 대해

화가나 초나라를 도와주지 않았습니다. 위급해진 초나라 어쩔 줄을 몰라 했습니다. 이듬해 진나라는 한중 땅을 돌려주면서 초나라와 화친을 맺으려고 하자 초나라 회왕은 땅 대신 장의를 얻어 마음 편히 살겠다고 말했습니다. 장의는 이 소식을 듣고 한 사람으로 한중 땅을 대신할 수 있다면 자신을 한중 땅으로 보내달라고 했습니다.

혜왕의 분부를 받고 장의는 초나라로 가서 세력가인 근상에게 많은 예물을 주고 회왕의 총애를 받고 있는 정수鄭袖 부인에게 회왕의 마음을 움직이도록 종용하였습니다. 회왕은 정수 부인의 말을 듣고 장의를 진나라로 돌려보냈습니다. 마침 제나라 사신으로 갔던 굴원은 돌아와서는 왜 장의를 죽이지 않고 돌려보냈느냐며 말하자, 회왕은 뉘우치며 장의를 뒤쫓게 했으나 이미 *그*가 사라진 뒤라 허사가 되고 말았습니다.

진나라의 지략가 장의의 경우에서 보듯 지혜로운 한 마디의 말은 매우 힘이 세다는 걸 알 수 있습니다. 지혜로운 말 한 마디는 백만 대군보다 더 강력한 힘이 있습니다. 이처럼 말은 피 한 방울 흘리지 않고 적을 이길 수 있는 강력한 무기인 것입니다. 그렇습니다. 싸우지 않고 적을 이기는 것, 이것이야말로 최고의 상책인 것입니다.

현실이란 적을 굴복시키기

*

삶을 살아가다 보면 이런저런 일로 인해 어려움을 당할 때가 많습니다. 즉, '현실의 벽'이라는 '적'을 만나게 됩니다. 가난한 사람에겐 가난이 적이며, 이 사람 저 사람과 벌이는 '경쟁'이 적이며, 병이 적이며, 이혼 등의 이별이 적이며, 사업을 할 때 부도가 적입니다. 수많은 적들이 도처에 깔려 있습니다. 이 적들로 인해 당하는 고통은 실로 엄청납니다. 이 적들의 고통으로부터 벗어나기 위해서는 싸워 이겨야 합니다. 이기지 않으면 고통에 갇혀 절망하고 좌절하게 되기 때문입니다. 이 적들을 이기기 위해 함께 싸울 수 있는 조력자를 둔다면 큰 힘이 됩니다. 가난이란 현실의 적으로부터 포위당해 하루하루를 보내던 한 남자가 자신을 도와 줄 조력자를 둠으로써 성공한 이야기가 있습니다.

아무 것도 가진 것이 없는 빈털터리 사내가 있었습니다. 하지만 그의 가슴속에는 원대한 꿈이 있었습니다. 그것도 아주 선명하고 구체적인 꿈이었습니다. 그 꿈은 발명왕 에디슨과 공동사업을 하는 것이었습니다. 가진 것 하나 없는 그의 꿈은 마치 뜬구름 잡는 것과 다름없었습니다. 사실 그에게는 에디슨 연구소가 있는 뉴저지 주의 이스트오렌지까지 가는 기차비도 없었으니까요. 그리고 설령 에디슨을 찾아간다고 해도 그가 만나줄지도 모르는 일이었습니다.

그러나 그의 꿈은 너무도 확고했습니다. 그의 꿈은 날마다 가슴에서 불타고 있었습니다. 그는 간신히 기차표를 구한 끝에 에디슨을 만나러 갔습니다. 그는 초라한 몰골을 하고 있었지만, 그의 눈은 새벽하늘의 샛별처럼 반짝이고 있었습니다. 그의 차림새로 본 직원은 에디슨을 만날 만한 사람이 아니라고 생각한 것입니다. 하지만 에디슨은 남루한 그의 모습을 보았지만 그의 말에 진정성이 있는지를 유심히 살폈습니다. 에디슨은 그의 눈빛에서 강하게 이글거리는 간절한 꿈을 읽을 수 있었습니다. 그렇게 그는 채용되었고 자신이 할 수 있는 일을 차근차근 열심히 해나갔습니다. 그런데 몇 달이 지나도록 자신이 생각한 기회가 오지 않았습니다. 하지만 그는 실망하지 않았습니다. 반드시 기회가 오리라 굳게 믿었습니다. 사내는 하루하루를 더욱 활기차게 해나갔습니다. 그러한 그의 모습은 에디슨에게 강한 믿음을 심어주었습니다.

그러던 어느 날 그의 꿈을 이룰 수 있는 기회가 찾아왔습니다. 에디슨은 신제품인 '축음기'를 드디어 완성한 것입니다. 그런데 에디슨 연구소의 마케팅 직원들은 이 제품에 대해 그다지 호감을 갖지 않았습니다. 하지만 사내의 생각은 달랐습니다. '그래, 바로 이거야. 이 제품이 나에게 기회가 되어줄 거야.' 사내는 이렇게 생각하며 쾌재를 불렀습니다. 그는 지체 없이 에디슨 연구실로 갔습니다.

"선생님, 제가 축음기를 한번 팔아보겠습니다."

"그래요?"

"네. 그런데 한 가지 조건이 있습니다."

"조건이요? 그게 무엇입니까?"

조건이 있다는 사내의 말에 에디슨이 말했습니다.

"저, 제가 판매함에 있어 좋은 성과가 있으면 그에 상응하는 대가를 지불해주십시오."

사내의 목소리는 강한 확신으로 차 있었습니다. 에디슨의 약속을 받아낸 사내는 이미 자신의 꿈을 이룬 것 같았습니다. 에디슨이 그의 조건을 수락한 것은 그가 판매를 잘 해주면 그만큼 자신에게도 그만한 수익이 돌아오기 때문이었습니다. 사내는 엄청난 판매성과를 냈습니다. 그로인해 에디슨의 축음기는 널리 알려지게 되었고, 에디슨은 사내와의 약속대로 그에게 전국 판매권을 주었습니다. 사내는 놀라운 판매실적을 올린 끝에, 에디슨과 공동경영자가 되었으며 큰 부자가 되었습니다. 마침내 자신의 꿈을 이뤄낸 것입니다. 그 사내의 이름은 에드윈 C. 번즈입니다.

번즈가 삶의 적과 싸워 인생의 승리자가 된 것을 《손자병법》의 관점에서 본다면, '시고백전백승 비선지선자야 부전이굴인지병 선지선자야是故百戰百勝 非善之善者也 不戰而屈人之兵 善之善者也'라고 할 수 있습니다. 즉 '백 번 싸워 백 번 이기는 것은 최선의 상책이라고 할 수 없다. 싸우지 않고 적을 굴복시키는 것이 최선의 상책인 것이다.'라는 말입니다. 번즈는 가난이란 적과 싸워 큰 부자가 될 수 있었습니다. 그가 가난한 적을 이길 수 있었던 것은, 강한 신념과 확신, 에디슨이란 조력자를 자신의 사람으로 만들었기 때문입니다. 그리고 에디슨의 마음을 사로잡기 위해 최선을 다했습니다. 에디슨은 그를 믿고 그에게 기꺼이 힘이 되어주었던 것입니다.

에드윈 C. 번즈가 그랬듯이 현실이란 적을 굴복시키기 위해서는 현실이란 한계에 갇혀서는 안 됩니다. 현실과 맞서 싸워야 합니다. 힘이 들고 어려운 일이 있더라도 물러서지 말고 끝까지 싸워 이겨야 합니다. 이기는 것이 곧 현실의 적을 물리치는 최선의 상책인 것입니다.

02

상대를 알고 나를 알면 이길 수 있다

적을 알고 나를 알면 백 번 싸워도 위태롭지 않다.

*

知彼知己 百戰不殆

지피지기 백전불태

적을 알고 나를 알기

*

전쟁에서 적을 알면 이길 수 있는 확률이 높습니다. 적을 알기 때문에 어떤 상황에 처하게 되더라도 그에 맞는 대책을 강구하는 데 도움이 되기 때문입니다. 그래서 고대부터 현대에 이르기까지 적의 정보를 입수하기 위해 혈안이 되었던 것입니다. 고대 국가에서는 간자間者를 두어 적의 동태를 살펴 간자가 입수한 정보를 분석하여 그것을 바탕으로 상황에 맞게 전략을 세워 전쟁에 임했습니다. 오늘날은 인공위성을 비롯한 최첨단 기기를 동원하여 손금 보듯 적의 동태를 살핍니다.

거기에다 첩보원이라고 부르는 스파이들이 적의 정보를 수집하기 위해 불철주야 뛰고 있습니다. 이는 정보를 통해 적을 알기 위한 수단인 것입니다. 이렇게 해서 적의 상황을 알게 되면, 그에 따른 갖가지 전략을 세워 적을 공략하기 위한 대비를 하는 것입니다. 이처럼 적을 안다는 것은 그만큼 중요한 것입니다. 나아가 자기를 알면 적을 이길 수 있는 확률은 더욱 높아집니다. 그러면 적이 어떻게 나오더라도 대비할 수 있는 정책을 다각적으로 세울 수 있어 유리해지기 때문입니다.

그러므로 승리를 예측하는 다섯 가지가 있다. 전쟁을 해야 하는지 해서는 안 되는지를 아는 자는 승리한다. 지식을 가지고 병력이 많고 적음에 따라 운용하는 자는 승리한다. 장수와 병사 상호 간에 같은 욕망을 가진 자는 승리한다. 준비를 한 상태에서 미리 헤아리지 못한 적을 기다리는 자는 승리한다. 장수가 유능하고 군주가 통제하지 않으면 승리한다. 이 다섯 가지로 승리를 예측할 수 있다.

故知勝有五 知可以戰 與不可以戰者勝 識衆寡之用者勝
上下同欲者勝 以虞待不虞者勝 將能而君不御者勝 此五者 知勝之道也
고지승유오 지가이전 여불가이전자승 식중과지용자승
상하동욕자승 이우대불우자승 장능이군불어자승 차오자 지승지도야

이는 손자가 《손자병법》에서 승리를 판단하는 다섯 가지에 대해

한 말로써 이를 '고지승유오故知勝有五'라고 하는데, '오승론五勝論'이라고도 합니다. 손자의 말을 다시 정리해서 말하면,

첫째, '지가이전여불가이전자승知可以戰與不可以戰者勝'은 '전투할 때를 아는 자와 전투를 해서는 안 될 때를 아는 자는 승리를 한다.'는 것을 의미합니다. 이는 승리를 안다는 것은 이미 이기는 것을 알고 있다는 것과 같으니 이기는 것은 당연한 것입니다.

둘째, '식중과지용자승識衆寡之用者勝'은 '병력수의 많고 적음에 대한 것과 그에 대한 용병법을 아는 자가 승리한다.'는 뜻입니다.

셋째. '상하동욕자승上下同欲者勝'은 '윗사람과 아랫사람이 목표하는 것이 같다면 승리한다.'는 뜻입니다. 즉, 장수와 병사 들이 하나로 똘똘 뭉치면 승리할 수 있다는 뜻입니다.

넷째, '이우대불우자승以虞待不虞者勝'은 '준비를 끝낸 상태에서 준비하지 못한 자를 기다리는 자는 승리한다.'는 뜻입니다. 그러니까 준비를 미리 해놓으면 그만큼 여유가 생기고, 힘을 비축할 수 있어 일사불란하게 적을 공략할 수 있기 때문입니다. 만사불여튼튼이라 했습니다. 무엇이든 미리미리 준비해 대비하면 그만큼 유리하게 되는 법입니까요.

다섯째, '장능이군불어자승將能而君不御者勝'은 '장수가 유능하고 군주가 간섭하지 않으면 승리한다.'는 뜻입니다. 즉 한 명의 뛰어난 장수는 적의 수천수만 명의 군대를 물리칠 수 있는 능력이 있습니다. 그런 까닭에 군주나 조정朝廷에서 간섭하지 않은 것이 상책인 것입니다.

손자는 '차오자 지승지도야此五者 知勝之道也' 즉, '이 다섯 가지로 승리를 예측할 수 있다.'고 말했습니다. 그런 까닭에 오승론을 갖출 수 있는 데다, 적을 알고 나를 알면 백번 싸워도 위태롭지 않습니다. 준비가 탄탄하게 갖춰져 있으면, 그만큼 빈틈이 없기 때문에 적이 치고 들어올 수 있는 틈이 없을 수밖에 없는 것입니다.

그러나 적을 알지 못하면 전략을 세우고 대비하는 데 어려움이 따르게 됩니다. 적이 강한지 약한지, 병력수는 얼마나 되는지, 적의 장점과 단점이 무엇인지를 알 수 없어 마치 캄캄한 망망대해를 가는 것과 같이 답답하지요. 거기다 나를 알면 그나마 다행지만 나 자신까지 모른다면 위태로울 수밖에 없습니다.

손자는 '부지피부지기 매전필태不知彼不知己 每戰必殆'라고 했습니다. 즉, '적을 알지 못하고 나를 알지 못하면 매번 싸울 때마다 위태롭다.'는 뜻입니다. 그렇습니다. 적은 안다는 것, 그리고 나를 안다는 것이야말로 나를 이롭게 하는 최선의 방책입니다.

이는 삶에서도 마찬가지입니다. 이를 자신의 삶에 맞게 적용시킨다면 자신의 바라는 목표를 이루는 데 크게 이롭게 함으로써 뜻을 이루게 됩니다. 인생이 살아가는 것이나 삶은 전쟁이나 다 마찬가집니다. 적을 안다는 것 즉 내 삶을 저해하는 환경적 요소와 대상을 안다면 자신이 원하는 것을 이루는 데 큰 도움이 됩니다. 지혜롭고 현명하게 나의 삶을 방해하는 적을 제압하고 능동적으로 사는 내가 되어야 합니다.

적을 독 안에 가두는 지략

*

조조의 책사로 유명한 순욱은 명문가의 가문에서 태어났습니다.《후한서後漢書》에는 그의 조부 손숙은 순자荀子의 11세손이라고 기록되어 있습니다. 그는 당시 조정을 쥐고 흔들며 권세를 떨치던 양기의 일족을 비판하는 당당함과 용기로 백성들로부터 신군神君이라 불리었습니다. 아버지 손곤은 상서尙書에서 제남상제후국의 장관이 되었습니다. 그리고 숙부 순상은 동탁으로부터 사공에 임명되었습니다.

순욱은 명문가의 자제답게 용모가 단정하고 수려했으며, 겸허하고 검소한 인품으로 사람들로부터 칭송이 자자했습니다. 그는 어려서부터 많은 이들로부터 왕좌지재王佐之才라는 말을 들을 만큼 출중했습니다. 그것을 잘 알게 하듯 그는 날카롭고 예리한 두뇌와 앞날을 예측하는 선견지명이 뛰어났습니다. 또한 지조와 기개가 뛰어나 어떤 상황에서도 결코 흔들림이 없었습니다. 그런 그가 스스로 찾아가 조조의 책사가 되어, 조조로부터 장자방이라는 말을 들을 만큼 절대적인 신임을 받았습니다.

홍평 원년 194년에 조조는 서주목 도겸을 징벌하러 가면서 순욱에게 남아서 지키는 일을 일임했습니다. 그런데 공교롭게도 마침 장막과 진궁이 연주에서 모반하고는 몰래 여포를 맞아들였습니다. 여포가 도착하자 장막은 유익을 사자로 순욱에게 통고하도록 했습니다. 유익이 순욱에게 말했습니다.

"여포 장군은 도겸을 공격하는 조사군 즉 조조를 돕기 위해 왔으니, 마땅히 빨리 그에게 군사와 식량을 제공해주시오."

유익의 말을 듣고 모두들 석연치 않음에 의심했습니다. 순욱은 즉각 장막이 반란을 일으키려 한다는 것은 간파하고는 즉시 군대를 정비하고, 빠른 말을 보내어 동군태수 하후돈을 불러들였습니다. 그러나 연주의 여러 성의 무리들은 모두 여포의 뜻에 따랐습니다. 이때 조조는 모든 병력으로 도겸을 공격했으므로 남아서 지키는 병력이 적었습니다. 더구나 병사를 감독하는 장수와 상급관리는 대부분 장막, 진궁과 내통하고 모략에 가담했습니다.

하후돈이 도착하여 그날 밤에 반란을 공모했던 수십 명을 처형하니, 모두들 곧 평정되었습니다. 이때 예주자사 곽공이 병사 수만 명을 이끌고 성 아래에 도착하자, 그들도 여포와 공모하였다고 말하는 자가 있자 성 안의 사람들은 매우 두려워하였습니다. 곽공은 순욱을 만나기를 원했고, 순욱은 나가서 만나려 했습니다. 이때 하후돈 등이 말했습니다.

"순공은 주 전체의 수장이므로, 나가는 것은 틀림없이 위험합니다. 나가서는 안 됩니다."

이에 순욱이 말했습니다.

"곽공과 장막 등은 본래부터 결탁한 것이 아니오. 지금 이렇게 빨리 왔다는 것은 그들의 계획도 틀림없이 확정되지 않은 것이오. 그들이 아직 정하지 않았을 때 그들을 설득하면 마침내 도모하지 않게 할 수 있으며, 그들로 하여금 중립을 지킬 수 있도록 할 수 있소. 만약에 먼저 그들을 의심하면 그들은 장차 화를 내며 계획을 성사시키려고 할 것이오."

이렇게 말하고는 곽공을 만났습니다. 곽공은 순욱이 두려워 하는 기색이 없고, 견성이 또 쉽게 공략할 수 있는 곳이 아니라고 판단하고 드디어 군대를 이끌고 떠났습니다. 순욱은 정욱과 계책을 세우고, 정욱을 보내 범현과 동아현의 우두머리를 설득시키도록 하여 끝내는 성을 확보하고는 조조가 돌아올 때를 기다렸습니다. 조조가 서주에서 돌아와 복양에 있는 여포를 공격하자 여포는 동쪽으로 달아나 버렸습니다.

이 이야기를 보면 순욱의 지혜로운 혜안을 잘 알 수 있습니다. 그는 곽공이란 자가 어떤 사람인지를 이미 알고 있었습니다. 그래서 그는 절대 공격하지 않으리라고 믿었던 것입니다. 그러나 하후돈을 비롯한 사람들은 곽공이란 자가 어떤 인물인지를 몰라 순욱이 그를 만나려고 하는 것을 극구 반대했던 것입니다. 또 순욱은 곽공과 장막 등은 본래부터 결탁한 것이 아니라는 것을 알았던 것입니다. 그 이유가 곽공이 빨리 왔다는 것은 그들의 계획도 틀림없이 확정되지 않았다는 것을 의미하기 때문입니다. 역시 순욱의 판단은 옳았습니다. 순욱은 곽공을 만났지만, 곽공은 공격을 하지 않고 그대로 돌아갔습니다. 만일 순욱이 곽공을 알지 못하고 곽공과 전투를 벌였다면 수만 명의 병사를 거느린 곽공에게 패했을 것입니다. 그러나 순욱은 뛰어난 지략으로 칼에 피 한 방울도 묻히지 않고 위기에서 벗어날 수 있었습니다. 이는 적을 알고 나를 알았기에 가능했던 것입니다.

"남을 이기려는 자는 반드시 자신을 이겨야 한다."

이것은 제자백가 중 잡가雜家의 대표적인 책이자 일종의 백과사전인《여씨춘추呂氏春秋》에 나오는 말로 '자신을 이기는 자만이 남을 이길 수 있음'을 말합니다. 자신을 이기는 것이 쉽지 않듯 남을 이기는 것 또한 쉽지 않습니다. 하지만 자신을 이기는 자는 남을 이길 수 있습니다. 자신을 이기기 위해서는 자신을 극복할 수 있어야 합니다. 스스로를 통제하고 절제할 수 있어야 하며, 물질적인 것이든 감정적인 것이든 어떤 어려움도 이겨낼 수 있어야 합니다. 그래야 그 어떤 싸움에서든 이길 수 있기 때문입니다.

상대를 알고 나를 알면 이길 수 있다

*

미국 대통령 가운데 최초의 40대44세에 대통령으로 당선된 존 F. 케네디. 그는 '뉴프런티어New Frontier' 정책을 내세워 미국이 냉전의 해소에 적극 참여하여 세계평화의 주축이 되었으며, 1962년 카리브해 해상봉쇄에 의한 쿠바 내 소련기지의 강제철거를 실행했습니다. 그리고 소련과 부분적인 핵실험 금지조약을 맺고 미소 간의 해빙기를 이루어냄으로써 미국 희망의 아이콘이 되었습니다. 기자 출신인 그가 정치 초년생으로 미국의 대통령이 된 데에는 '상대를 알고 나를 알면 이길 수 있다.'는 승리의 법칙을 잘 이행한 데에 있습니다. 그에 대한 유명한 일화가 있습니다.

존 F. 케네디와 닉슨이 미국 제35대 대통령 선거를 치를 때 일입니다. 당시 대통령이었던 아이젠하워는 공화당 후보인 닉슨을 적극 지원하였습니다. 닉슨은 부통령으로 8년 동안이나 지내왔던 터라 정치경험이 풍부하고 국제무대에도 친숙한 사람이었습니다. 그에 비해 케네디는 잘 알려지지 않은 정치신인이었습니다. 그런 까닭에 민주당 후보로 국제적으로도 국내적으로도 영향력이 현저히 낮았습니다. 단지 나은 게 있다면 명문가인 케네디 가문이라는 것뿐.

정치 초년생인 케네디와 노련한 정치 9단인 닉슨과의 싸움은 마치 다윗과 골리앗과 같은 형상이었습니다. 그런데 많은 핸디캡에도 불구하고 케네디가 국민들에게 자신을 알릴 수 있었던 것은 텔레비전에 출연해서 벌인 정책토론회에서였습니다.

"텔레비전 토론회, 그까짓 것 아무것도 아니야. 나에게는 식은 죽 먹기지."

닉슨은 텔레비전 정책토론회를 가볍게 여기고 원고를 대충 훑어보았을 뿐이었습니다. 반면, 케네디는 비밀을 유지한 채 철저하게 대비하였습니다. 케네디가 얼마나 치밀했는지 말의 속도, 억양, 몸동

작, 손의 위치 등 놓치기 쉬운 작은 것 하나까지에도 세심하게 챙겨 연습에 연습을 거듭하였습니다. 또한 그는 닉슨의 단점을 세밀하고 철저하게 파악하여, 그가 어떤 공격을 하더라도 막힘없이 제압할 수 있도록 대비하였습니다.

"텔레비전 토론만이 내가 닉슨을 이길 수 있는 유일한 방법이다."

케네디는 동생 에드워드 케네디에게 말했습니다.

"아주 좋은 생각이야. 나는 형이 반드시 이길 거라고 확신해."

동생 에드워드 케네디는 이렇게 말하며 그에게 용기를 심어주었습니다.

마침내 케네디와 닉슨간의 정책토론이 벌어졌습니다. 수많은 눈들이 텔레비전 화면 속의 그들을 주시하고 있었지만, 케네디는 전혀 떨리는 기색이라곤 없었습니다. 오히려 즐기고 있었습니다. 자신이 연습한 대로 여유로운 몸짓과 세련된 말투, 게다가 깔끔한 의상과 핸섬한 외모는 그를 한층 더 돋보이게 했습니다. 그러나 닉슨은 달랐습니다. 조금은 덜 세련된 외모와 말투, 딱딱한 자세와 부자연스러운 모습은 보는 이들의 마음을 답답하게 했습니다.

"케네디 저 사람, 참 말 잘한다! 세련된 저 멋진 포즈는 또 어떻고. 나는 케네디로 결정했어."

케네디를 보고 한눈에 반한 미국 국민들은 하나같이 이렇게 말하며 그에게 갖는 기대가 대단했습니다. 텔레비전 정책대결에서 완승한 케네디는 순식간에 미국의 '새로운 희망'으로 떠올랐습니다.

드디어 선거가 실시되었습니다. 그리고 선거결과가 발표되었습니다. 미국 제35대 대통령으로 민주당 후보인 존 F. 케네디로 결정되었다는 선거관리위원장의 말에 미국 전역이 들썩였습니다. 케네디는 모든 것이 열악한 조건에서도 자신만의 색깔 있는 이미지 연출과 새롭고 참신한 정치공약은 물론 상대에 대한 철저한 연구 덕분에 당당하게 대통령에 당선되었던 것입니다.

케네디가 성공할 수 있었던 것은 손자가 말했듯이 '지피지기 백전불태知彼知己 百戰不殆'에 있습니다. 케네디가 닉슨을 이길 수 있었던 것은 첫째, 상대의 장단점을 철저하게 연구하였다는 데 있습니다. 특히, 상대의 단점을 세밀하게 살핌으로써 상대를 토론에서 제압했습니다. 둘째, 세련된 이미지 연출과 국민들에게 신선한 호감을 주었다는 데 있습니다. 이러한 케네디의 연출은 당시 새로운 인물을 갈망하던 국민들의 바람에 딱 맞아 떨어졌던 것입니다. 셋째, 닉슨에 비해 당당하고 자신감 넘치는 모습이었습니다. 그의 이런 모습은 국민들의 마음에 새로운 희망을 불어넣어 주었던 것입니다. 그렇습니다. 케네디가 성공할 수밖에 없었던 것은 그가 경쟁관계에 있던 닉슨이란 적을 철저하게 연구하고 분석하여 대비한 결과입니다.

삶을 살다보면 우리는 수많은 삶의 적과 마주합니다. 그 적은 사람에 따라 다르지만, 그럴 때마다 삶이라는 적을 이겨내야 합니다. 그렇지 못하면 삶에 갇혀 자신이 해야 할 일을 하지 못하기 때문입니다. 삶이란 적과 싸워 이기기 위해서는 적을 알아야 합니다. 그리고 자신 또한 알아야 합니다. 여기서 자신을 알아야 한다는 것은 적에 비해 자신이 더 강해야 한다는 것입니다. 그리고 자신을 강하게 하기 위해서는 자신과의 싸움에서 이겨야 합니다. 자신과의 싸움에서 이기면 그 어떤 삶의 적도 충분히 이길 수 있습니다. 자신에게 가장 강한 적은 바로 자신이기 때문입니다. 그래서 자신을 이기는 자가 가장 강한 사람입니다.

이에 대해 노자는 《도덕경》 33장에서 '승인자유력 자승자강勝人者有力 自勝自强'이라고 했습니다. 이는 '다른 사람을 이기는 자는 힘이라 하고, 자신을 이기는 것을 강함'이라고 한다는 말로, '남을 이기는 것도 강하지만, 자신을 이기는 자가 가장 강한 자'라는 뜻입니다.

상대라는 적을 이기기 위해서는 첫째, 적보다 더 많은 것을 알아야 합니다. 그래야 어떤 상황에서도 이길 수 있습니다. 둘째, 적보다 더 인내심이 강해야 합니다. 그랬을 때 어떤 어려움도 능히 헤치고 해낼 수 있습니다. 셋째, 적보다 더 창의적이고 생산적인 마인드를 지녀야 합니다. 그래야 같은 일도 더 새롭고 능동적으로 해나갈 수 있습니다. 넷째, 적보다 뛰어난 안목을 지녀야 합니다. 그래야 적이 보지 못하는 것을 봄으로써 앞서 갈 수 있습니다.

이 네 가지 조건을 갖출 수 있도록 노력해야 합니다. 그랬을 때 삶에서 부딪치게 되는 온갖 적을 이김으로써 자신이 원하는 인생을 살아갈 수 있습니다. 그렇습니다. 50대는 후반기 인생을 새롭게 시작하는 중요한 시기입니다. 그런 까닭에 후반기 인생을 잘 살아가기 위해서는 나이가 들어 갈수록 자신을 더 강하게 하고, 생각이 늙지 않도록 해야 합니다. 그것이 나이 듦을 슬기롭게 사는 참 지혜인 것입니다.

제4부

군형편 | 軍形篇

먼저 이기고 싸워라

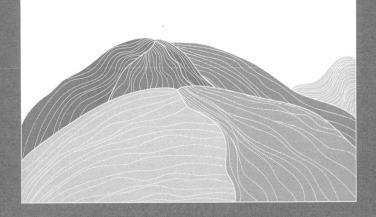

01

	먼저 이기고 싸워라	

승리하는 군대는 먼저 승리할 수 있는 여건을 조성해놓고 전쟁을 시작하고,
패배하는 군대는 먼저 전쟁을 시작하고 나서 승리하기를 기대한다.

＊

是故僧兵先勝而後求戰 敗兵先戰而後求勝
시고승병선승이후구전 패병선전이후구승

먼저 이기고 싸우는 세 가지 요소

＊

손자는 전쟁을 할 때 먼저 이기고 싸우라고 말합니다. 먼저 이기고
싸우라는 말은 논리상 맞지 않은 것 같지만, 그런 자세를 취하고 싸
우라는 말입니다. 이는 전쟁에 임하는 적극적인 정신자세이자 바람
직한 마음자세이기 때문입니다. 심리적으로 이런 마인드를 갖게 되
면 인간의 상식으로는 생각할 수 없는 놀라운 힘이 분출하게 됩니
다. 때때로 보통 사람들이 벌이는 위급한 상황에서의 기적적인 행동
은 그것을 잘 말해줍니다. 초인超人적인 힘이 참으로 놀라운 결과를
주듯, 싸우기 전에 마음으로부터 이기면 그런 힘이 생기게 되고 긍

정적인 결과를 낳게 되는 것입니다.

손자는 싸우기 전에 먼저 이길 수 있도록 환경을 만들어야 한다고 말했습니다. 싸움에서 이길 준비가 철저하게 되어 있어야 이길 수 있는 기회가 오는 법이니까요.

첫째, 상황에 따라 탄력적으로 임하는 것입니다. '불가승자 수야 가승자 공야 수즉부족 공즉유여不可勝者 守也 可勝者 攻也 守則不足 攻則有餘' 즉, '적을 이길 수 없으면 수비하고, 적을 이길 수 있으면 공격한다. 수비는 전력이 부족할 때 하는 것이고, 공격은 전력이 넉넉할 때 하는 것'이라는 뜻입니다. 그러니까 적을 이길 수 있는 준비와 힘을 갖춘다면 먼저 공격하는 것입니다. 이럴 때 적을 이길 수 있는 확률은 매우 높습니다. 적보다 우위에서 하는 공격은 수비하는 적보다는 월등히 뛰어난 능력을 발휘하는 까닭입니다. 특히, 완벽하게 갖춰진 상태에서는 속전속결로 끝낼 수 있어, 이는 매우 경제적으로 전쟁을 함으로써 사상자와 전쟁물자 허비를 막을 수 있습니다. 그리고 만일 적보다 전력이 부족하다고 할 때에는 방어태세를 하는 것입니다. 완벽하게 방어태세를 갖추면, 적의 공격을 막아내는 데 큰 도움이 될 뿐만 아니라 공격할 수 있는 기회를 만들게 됩니다.

둘째, 뛰어난 장수를 두는 것입니다. '선용병자 수도이보법 고능위승패지정善用兵者 修道而保法 故能爲勝敗之政' 즉, '용병을 잘 하는 자는 지도력을 잘 발휘하고, 병법을 잘 운용한다. 그런 까닭에 전쟁의 승패를 다스릴 수 있다.'는 뜻입니다. 왜 그럴까요? 이순신처럼 한 명의 뛰어난 장수는 수천수만 명의 병사보다도 큰 힘을 발휘합니다. 그가 세우는 전략은 신기에 가까워, 적은 그를 대적하기가 심히 어려운 까닭이니까요. 적보다 유능한 장수를 둔다는 것은 이미 싸우기 전에 이겨놓고 싸우는 것과 같다고 하겠습니다.

셋째, 이기는 군대의 형상을 갖춰야 합니다. '승자지전민야 약결 적수어천인지계자 형야 勝者之戰民也 若決積水於千仞之谿者 形也' 즉, '승리자가 백성을 전쟁에 동원하면 마치 막아둔 물을 터서 천길 계곡으로 쏟는 것과 같다.'고 했습니다. 이는 '이기는 군대는 병사들로 하여금 싸우게 하기를, 마치 막아둔 물을 한 번에 터트려 계곡으로 쏟아지게 하는 것과 같게 해야 한다.'는 것입니다. 이처럼 전쟁을 할 수 있으면 승리하는 것은 자명한 일입니다. 한 번에 적을 쓸어버릴 수 있다는 것은 그만큼 완벽하게 승리의 조건을 갖췄다는 것을 의미하니까요. 이처럼 싸우기 전에 완벽하고 철저하게 이기는 군대의 형상을 갖출 수 있다면, 싸우기 전에 이미 승리를 하고 싸우는 것과 같습니다.

손자는 '자보이전승自保而全勝'라 했습니다. 이는 '전쟁에서 스스로를 지키고 보존하면서 승리하는 것이야말로 완전한 승리'라는 뜻입니다. 그래서 공격과 방어의 기술을 잘 터득하는 것이야말로 가장 바람직한 것이라고 하는 것입니다. 먼저 이기고 싸우기 위해서는 이처럼 세 가지를 충분히 갖추어야 합니다. 준비가 탄탄하고 완벽하면 이미 반은 이기고 들어가, 전쟁에서 이길 확률은 그만큼 높아지게 됩니다.

**적이 이기지 못하도록 하는 것은 나에게 존재하고,
내가 적을 이길 수 있는 것은 적에게 존재한다.**

不可勝在己 可勝在敵
불가승재기 가승재적

손자는 '전쟁에서 이기는 것도 나에게 달려 있고, 지는 것도 내게 달려 있다.'고 했습니다. 그러니까 전쟁에 지지 않으려면 철저하고 완벽하게 해서 이기라는 것입니다. 덧붙여 '견승불과중인지소지, 비선지선자야見勝不過衆人之所知 非善之善者也' 즉 '누가 보더라도 쉽게 예측할 수 있는 승리는 최선의 승리가 아니라.'는 말도 있습니다. 그래서 전쟁에서 이기려면 완벽하게 이기라고 말합니다. 그것이야말로 최선의 승리이기 때문입니다. 옳은 말입니다. 누구나 쉽게 알 수 있다면, 그것은 쉽게 질 수도 있다는 것입니다. 그런 까닭에 어느 누구도 예측하거나 알 수 없는 전략을 짜서 완벽하게 이기는 것, 이것이 완벽한 승리입니다.

우리의 삶은 내일을 예측할 수 없을 정도로 변화가 빠릅니다. 어제와 오늘이 다르고, 오늘이 내일과 너무도 다릅니다. 시대는 저만치 앞서가는데 시대의 흐름에 따르지 못하면, 시대에 뒤떨어지고 맙니다. 그것은 곧 도태를 뜻하고, 미래에 대한 희망이 단절됨을 뜻합니다. 시대의 흐름을 놓치지 않고 따르기 위해서는 시대가 요구하는 것을 준비해야 합니다. 그러기 위해서는 배움은 필수입니다. 배울 수 있는 한 배워야 합니다.

**"평생 배움에 헌신하라. 당신의 정신과 당신이 거기에 집어넣는 것,
그것이 당신이 가질 수 있는 최상의 자산이다."**

이는 자기계발 동기부여가이자 강연자인 브라이언 트레이시가
한 말로 배움의 중요성에 대해 잘 알게 합니다. 그러면 왜 사람은 배
워야 할까요. 이는 가장 기본적이면서도 가장 고차원적인 질문입니
다. 우리가 배워야 하는 것은 손자에 빗대어 말한다면, '삶을 먼저 이
기고 싸우고자 하는 것'이기 때문입니다. 그러니까 많이 배움으로써
다방면에 대한 지식을 풍부하게 갖추면, 내일 어떤 일이 주어지더라
도 능히 그 일을 해낼 수 있도록 하기 위해섭니다. 미리미리 준비하
고 완벽하게 갖춘 자를 절대 이길 수 없습니다. 그것이 삶의 법칙이
니까요.

먼저 이기고 싸우기

*

고려가 후삼국을 통일하는 데 가장 큰 활약을 한 이는 유금필 장군
입니다. 유금필은 용맹함과 지혜를 겸비한 용장이자 지장이었습니
다. 또한 그는 덕으로 군대를 이끌어 부하들로부터 절대적인 신뢰를

받았습니다. 그리고 그는 다른 민족을 포용함으로써 자기편으로 만들만큼 지략이 뛰어났습니다. 또한 무엇보다도 그는 충성심이 강한 장수였습니다. 왕건은 그의 충성심을 높이 사 크게 신뢰하였습니다.

925년태조 8년 정서대 장군에 임명 된 유금필은 후백제 연산진옥천을 공격하여 그곳에서 후백제 장수 길환이 목을 베고, 임존군예산을 공격해 백제군 3,000명을 베거나 포로로 잡는 대승을 거두었습니다. 그리고는 조물성김천 부근에서 불리한 상황에 있던 왕건을 돕기 위해 그곳으로 갔습니다. 유금필이 조물성에 입성했다는 소식을 들은 견훤이 왕건에게 화친을 청하자 유금필이 다음과 같이 말했습니다.

"사람의 마음이란 알기 어려운데 어찌 경솔히 적과 화친을 하겠습니까."

하지만 왕건은 그의 말을 물리고 화친을 맺고 말았습니다. 그러나 백제가 약속을 깨자 그것이 잘못이라는 걸 알고는 유금필의 말을 듣지 않은 것을 후회하였습니다.

929년태조 11년 견훤이 고창군안동을 공격하자 왕건이 말했습니다.

"싸움에서 불리하면 장차 어찌하면 좋겠는가?"

이에 홍유가 말했습니다.

"만약 불리하게 되면 죽령 길로 돌아올 수 없게 될 것이니, 빠져나갈 길을 사전에 알아두는 것이 좋겠습니다."

그러자 이번엔 유금필이 말했습니다.

"어차피 병兵은 흉기와 같고 전투는 위태로운 것이라 했습니다.

죽을 각오로 싸움에 임해도 힘든 게 전투인데 미리 도망갈 길부터 찾는다면 어떻게 승리를 할 수 있겠는지요? 만약 여기서 패배한다면 우리의 땅과 고귀한 생명을 적에게 고스란히 넘겨주는 것이 될 터이니 지금 곧바로 공격하시옵소서."

유금필의 말을 듣고 왕건은 공격을 명했고, 고려군은 대승을 거두었습니다.

이 두 가지 이야기에서 유금필의 앞을 내다보는 선견지명을 알 수 있습니다. 그는 이미 싸움에서 이기는 전략을 갖고 있었던 것입니다. 그런데 왕건은 유금필의 말을 듣지 않고 화친을 맺었는데, 그것은 고려에 화가 되었던 것입니다. 그리고 두 번째 이야기에서 보듯 왕건은 홍유의 말을 물리고, 유금필의 말을 듣고 승리를 하게 됩니다. 여기에 중요한 사실이 있습니다. 유금필은 먼저 이기고 싸우는 법을 아는 사람이었습니다. 그는 전쟁을 하기 전 이미 전쟁의 묘수를 읽고 있었던 것입니다. 그로인해 유금필은 당당하게 화친을 하지 말 것과 공격할 것을 왕건에게 건의 할 수 있었습니다.

935년태조 18년 후백제의 견훤의 장남 신검이 아우인 금강을 죽이고, 아버지 견훤을 금산사에 가둔 뒤 스스로 왕위에 올랐습니다. 후백제의 내분을 틈타 빼앗겼던 나주 땅을 찾기 위해 왕건이 말했습니다.

"나주 지방 40여 군은 우리의 땅이었으나, 백제에게 빼앗겨 6년 동안이나 바닷길이 통하지 않았느니, 누가 나를 위해 그곳에 가겠는가 말해보라!"

왕건이 말을 마치자 신하들이 같은 목소리를 냈습니다.

"전하, 유금필 장군을 보내십시오. 그가 가장 적임자라고 사려됩니다."

이에 왕건은 유금필을 도통대장군에 임명하고 나주를 치게 하였습니다.

금산사에 갇힌 견훤이 탈출하여 고려에 투항하였고, 신라 경순왕 또한 투항하였습니다. 이에 왕건은 신검이 이끄는 후백제를 치기로 하고, 왕건이 군대를 이끌고 일산군구미으로 진격하여 신검과 대치하였습니다. 일이천에서 전투를 벌인 왕건은 후백제군을 물리치고, 황산논산에서 신검으로부터 항복을 받아냈습니다. 이로써 고려는 후삼국을 통일하여 통일국가가 되었습니다.

이 이야기를 보면 유금필은 막히는 것이 없다는 걸 알 수 있습니다. 언제 어느 때나 그는 전쟁의 묘妙를 잘 알았습니다. 마치 바둑의 고수가 바둑의 수를 알고 바둑을 두는 것처럼 훤히 꿰뚫고 있었습니다. 그러니 전쟁에서 이기는 것은 당연했습니다. 유금필은 전쟁마다 승리하였습니다. 그가 전쟁에서 이길 수 있었던 것은 첫째, 마음에서 이기고 전쟁을 했기 때문입니다. 이는 당당한 자신감에서 온 것입니다. 둘째, 전쟁의 묘수를 훤히 꿰뚫고 있었습니다. 묘수를 꿰뚫는다는 것은 내비게이션을 보고 장소를 찾아가는 것과 같아 그만큼 전쟁에서 유리한 고지를 점하게 되는 것입니다. 셋째, 군주와 부하의 두

터운 신임에 있습니다. 유금필은 덕을 갖춰 군주에겐 신임을 부하장수들에게는 존경을 받았습니다. 그로인해 군주와 장졸들이 한마음으로 똘똘 뭉쳐 그만큼 힘을 집중할 수 있어 전쟁에서 이길 확률을 높였던 것입니다. 유금필은 이 세 가지를 바탕으로 먼저 이기고 싸웠던 것이며, 그 결과는 언제나 승리였습니다.

유금필의 경우에서 알 수 있듯 먼저 이기고 하는 싸움은 이길 수밖에 없습니다. 이길 수 있는 조건을 충족시켰기 때문입니다. 이길 수 있는 조건을 갖추게 되면, 자신감이 상승하고 긍정적인 에너지가 넘칩니다. 이 자신감이란 에너지는 전쟁에서 이기는 그 어떤 무기보다도 강력한 힘을 발휘하게 합니다. 그런 까닭에 전쟁에 이기고 지는 것은 나에게 달려 있다는 손자의 '불가승재기 가승재적不可勝在己可勝在敵'은 참으로 합당한 말이라고 할 수 있습니다.

확실히 이기는 싸움을 하기

*

상상력으로 세상을 변화시킨 21세기의 대표적 CEO 스티브 잡스. 그가 2011년 세상을 떠났을 때 전 세계인들은 그의 죽음을 애도하며 그의 평생 공적을 높이 평가하였습니다. 정치지도자도 아니고 대중성 높은 가수도 아닌 기업인에게 그처럼 추모의 열기가 뜨거웠다는 것은 이례적인 일이 아닐 수 없습니다. 역사상 기업인으로서는 최고의 존경과 찬사를 한몸에 받았던 스티브 잡스. 그는 그가 태어나기 이전의 세상과 그가 태어난 이후의 세상을 완벽하게 변화시킴으로써 한 사람의 위대한 창의력이 얼마나 큰힘을 발휘할 수 있는지를 극명하게 증명해보인 탁월한 상상력의 실천가이자 완성자입니다.

스티브 잡스처럼 짧은 생애에 세상을 새롭게 변화시킨 인물도 드뭅니다. 물론 시대마다 자신의 족적을 뚜렷이 남긴 일물들이 있습니다. 20세기 최고의 물리학자 아인슈타인, 발명의 귀재 토머스 에디슨, 전화기를 발명한 그레이엄 벨, 피뢰침을 발명한 벤저민 프랭클린, 다이너마이트를 발명한 노벨 등 이름만 들어도 누구나 알 수 사람들입니다. 하지만 문명의 최첨단을 걷고 있는 현대인들에게 다채롭고 다양한 문명의 기기인 컴퓨터, 스마트폰. MP3 등과 같은 만족감을 주지는 못했습니다. 앞선 과학자들이나 발명가들은 개인이 아닌 공동적인 이기를 제공했다면, 스티브 잡스는 개개인이 소지할 수 있고, 개개인이 원하는 것을 충족시켰다는 것에 있어 그 의미는 사뭇 다르다고 할 수 있습니다.

스티브 잡스는 뛰어난 직관력과 상상력을 갖췄을 뿐만 아니라, 지는 것을 몹시 수치스럽게 생각할 정도로 강한 의지를 지닌 긍정적인 인물입니다. 그러나 때론 그의 이러한 성격이 저돌적이고 독선적으로 비춰져 비난을 받기도 했습니다. 하지만 저돌적인 그의 성격은 그가 하고 싶은 것을 추진하는 데 있어 도전적이고 강한 실천력을 발휘했습니다. 그는 자기 확신이 강해 한 번 결심한 것은 끝까지 밀어 붙였습니다.

스티브 잡스가 주파수 측정기를 만든 적이 있습니다. 그때 그는 완성 단계에서 부품 하나가 없어 고심하다 무턱대고 전화를 걸어 자신의 고민을 말했습니다. 그의 말을 듣고 상대방은 쾌히 그의 요구를 들어주었습니다. 당돌할 만큼 도전적인 그의 의지를 높이 산 것입니다. 그는 바로 컴퓨터 제조업체인 휴렛팩커드 CEO인 윌리엄 휴렛입니다.

스티브 잡스는 1981년 매킨토시 프로젝트를 주관하며 큰 꿈에 부풀어 있었습니다. 그는 성공할 수 있다는 확신에 열정을 바쳐 프로젝트를 진행하였지만, 경영상태가 악화되어 어려움을 겪었습니다. 이때 그는 펩시콜라 사장인 존 스컬리를 사장으로 영입하기로 결심하고 그에게 경영을 맡아달라고 했습니다. 당시 스컬리는 펩시콜라의 성장을 극대화하며 부러울 것이 없는 사람이었습니다.

그런데 그런 그에게 경영이 어려운 애플 사장을 맡아달라고 했으니, 이는 상식에 없는 이야기와 다를 바가 없습니다. 스컬리는 난색을 표했지만 스티브 잡스는 자신과 같이 세상을 바꾸자고 말했습니다. 스컬리는 세상을 바꾸자는 그의 말에 부러울 것 없는 자리를 내놓고 애플의 사장이 되었습니다. 스티브 잡스는 이처럼 자신이 마음을 굳히면 어떻게든 자신의 뜻대로 실현하고야 말았습니다. 하지만 그런 그에게 위기가 찾아왔습니다. 1984년 매킨토시를 출시하였으나 생각과는 달리 판매가 저조했습니다. 그 결과 크게 실패하였습니다. 그러자 애플은 경영에 큰 어려움을 겪게 되었으며, 스티브 잡스에게 책임을 물어 그를 추방했습니다.

애플에서 쫓겨난 스티브 잡스는 아쉬움이 컸지만, 실망하지 않았습니다. 그에게 실패는 있어도 좌절은 없었습니다. 그는 언제나 현재진행형이었습니다. 그는 컴퓨터회사 넥스트를 창업하고, 애니매이션업체인 픽사를 인수하여 재기를 꿈꾸며 각고의 노력을 다했습니다. 여러 우여곡절 끝에 애플의 경영을 다시 맡은 스티브 잡스는 예전의그가 아니었습니다. 그는 총체적인 어려움을 돌파하기 위해 그동안머리에 입력해 놓았던 상상의 씨앗을 하나씩 하나씩 풀어 놓기 시작했습니다.

1998년 그의 탁월한 상상력과 직관력으로 '아이맥'을 출시하여성공을 거두며 자신의 존재감을 만천하에 확인시켰습니다. 그리고이후 '아이팟'을, 2003년에는 '아이튠스 뮤직스토어'를 출시하여 센세이션을 불러일으켰습니다. 2007년엔 '아이폰'를 출시하여 아이팟누적판매수 1억 대을 돌파하는 기염을 토하며 세상 사람들을 놀라게 했습니다. 또한 2010년에는 '아이패드' 출시하여 폭발적으로 판매고를 올렸습니다. 그리고 이듬해인 2011년엔 '아이패드'를 출시하며 대성공을 거두었습니다.

"우리는 우리가 상상한 것에 모든 것을 걸었습니다. 다른 곳과 똑 같은 것을 만들 바에는 우리들이 상상한 것에 모든 것을 걸고 싶습니다. 누구나 만들 수 있는 제품은 다른 회사가 만들면 됩니다. 우리에게는 다음엔 어떤 상상을 하고 나아가느냐가 중요합니다."

스티브 잡스의 이 말엔 그가 얼마나 남과 다른 것을 원하는지 잘 알 수 있습니다. 그렇습니다. 남들과 똑같거나 비슷해서는 안 됩니다. 그것은 혁신이 아니라 구태의연한 것이라 전혀 새롭지 않다는 게 그의 생각입니다. 역시 혁신가다운 생각이 아닐 수 없습니다. 그는 실패의 쓴잔도 마셨고, 사람들로부터 수도 없이 독선적이라고 비난을 받았습니다. 그리고 경영악화로 풍전등화와 같은 상황에서 전전긍긍하며 가슴을 태우기도 했습니다. 그러나 그는 쓰러지지 않았습니다. 그리고 마침내 자기를 쫓아낸 애플에서 승승장구하며 21세기 최고의 경영인이 되었습니다.

손자의 '선용병자 수도이보법 고능위승패지정善用兵者 修道而保法 故能爲勝敗之政' 즉, '용병을 잘 하는 장수는 지도력을 잘 발휘하고, 병법을 잘 운용한다. 그런 까닭에 전쟁의 승패를 잡을 수 있다.'는 말처럼, 스티브 잡스는 애플이라는 거대한 기업의 유능한 군주이자 장수였습니다. 그랬기에 '불가승재기 가승재적不可勝在己 可勝在敵' 즉, '전쟁에 이기고 지는 것은 나에게 달려 있다.'는 말처럼 스티브 잡스는 이길 수 있었던 것입니다. 그는 이기기 위해 존재했으며, 결국 이김으로써 성공적인 인물이 되었습니다.

공자는 《논어》〈양화편〉에서 '불왈견호 마이불린 불왈백호 날이불치不曰堅乎 磨而不磷 不曰白乎 涅而不緇'라고 말했습니다. 즉, '단단한 칼은 아무리 갈고 갈아도 얇아지지 않고, 정말로 흰 것은 아무리 검은 물을 들일지라도 결코 검어지지 않는다.' 이는 '진정으로 확고하게 마음에 품은 신념이란, 어떠한 유혹이나 역경 앞에서도 절대 흔들리지 않는다.'는 뜻입니다. 그렇습니다. 자신의 삶과 싸워 확실히 이기기 위해서는 심지心地를 견고히 하여 그 어떤 어려움이 가로막아도 포기해서는 안 됩니다. 그런 까닭에 먼저 이기고 싸워야 합니다. 그래야 확실하게 이길 수 있기 때문입니다.

제5부

병세편 | 兵勢篇

원칙을 기본으로 하되 변칙으로 이기기

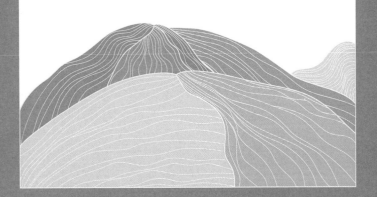

원칙을 기본으로 하되 변칙으로 이기기

전쟁을 하는 자는 정공법으로 대결하고, 기술적인 변칙으로 승리한다.
그런 까닭에 변칙을 잘 운영하는 자는
하늘과 땅과 같고 강과 바다처럼 고갈되지 않는다.

＊

凡戰者 以正合 以奇勝 故善出奇者 無窮如天地 不竭如江海
범전자 이정합 이기승 고선출기자 무궁여천지 불갈여강해

원칙은 기본으로 삼고 변칙은 실용적으로 하기

＊

삶을 살아가는 데 있어 모든 것은 원칙을 기본으로 해야 합니다. 원칙이란 사전적 의미는 '기본이 되는 규칙과 법칙'을 말합니다. 그러니까 그 어떤 삶도 원칙을 기본으로 해야 순조롭게 이어오고 이어가는 것입니다. 그러나 원칙을 벗어나는 삶은 그 어떤 것도 제대로 되어지는 법이 없습니다. 우리는 역사를 통해 수없이 보아왔습니다. 지금 당장은 아무 일 없는 것처럼 보이지만 시간이 흐르면 허점이 드러나기 마련입니다.

그런데 때론 변칙이 필요할 때가 있습니다. 특히, 전쟁에 있어 변칙은 사느냐 죽느냐, 이기느냐 지느냐의 긴박한 순간에 필요한 전략이 될 수 있습니다. 하지만 그 변칙은 원칙을 바탕으로 할 때 더 효과를 거둘 수 있습니다. 세상의 모든 길은 서로 다른 방향을 가리키고 있다할지라도, 결국 길은 길로 이어지듯 변칙은 원칙과 이어져 있음을 알게 됩니다. 변칙이란 원칙으로부터 파생된 하나의 또 다른 원칙이기 때문입니다.

손자는 '전세불과기정 기정지변 불가승궁야戰勢不過奇正 奇正之變 不可勝窮也'라고 했습니다. 이는 '전쟁에 있어 전술은 원칙과 변칙 등 두 가지에 불과하지만, 그 두 가지가 조화롭게 변화하면 모든 것을 알기에는 불가능하다.'는 뜻입니다. 그러니까 원칙과 변칙은 서로 상호의존적일 때 생각지 못한 새로운 전술이 발현됨으로써 전략에 있어 큰 힘을 발휘하게 되는 것입니다. 원칙을 벗어난 변칙은 없기 때문입니다. 즉, 원칙이 바탕이 될 때 변칙은 전술에 있어 위력을 발휘하게 되는 것이지요.

그렇습니다. 원칙과 변칙은 따로 떨어진 것이 아닌 상호의존적이고, 보완적인 관계입니다. 그런 까닭에 손자는 '기정상생 여순환지무단 숙능궁지奇正相生 如循環之無端 孰能窮之'라고 했습니다. 이는 '변칙과 원칙은 서로 연결되어 이어지는 것이니, 그것은 단절되어 있는 것이 아니다. 그 어느 누구도 능숙하게 그 모든 것을 궁리해낼 수 없다.'라는 뜻입니다. 그러니까 원칙과 변칙은 보이지 않는 하나의 끈으로 이어진 관계라는 것입니다. 그렇기 때문에 그 변화의 끝은 아무도 알 수 없다는 말입니다.

이는 무엇을 말하는 걸까요, 원칙과 변칙이 조화롭게 어우러지면, 새롭고 다양한 엄청난 전술과 전략을 펼칠 수 있다는 말이지요. 이 치가 이러하거늘 원칙만 고수한다면 그 전술과 전략은 긍정적인 효과를 낼 땐 문제가 없지만, 자칫 잘못되기라도 하면 전쟁에서 패하는 것은 당연지사입니다. 또 변칙만 고수한다면 어떻게 될까요? 그 또한 긍정적으로 작용될 땐 효과적이지만, 자칫 잘못되기라도 하면 전쟁에 패하는 것을 피할 수는 없습니다. 그런 까닭에 원칙과 변칙이 조화롭게 어우러져야 미사일이 강력한 폭발력을 일으키듯, 추측할 수 없는 효과를 거두게 되는 것입니다.

그런 까닭에 전쟁에 능한 자는 기세에서 승리하는 전략을 구하지 병사들에게 책임을 지우지 않는다. 그런 까닭에 능력 있는 자를 택해 임명하고 그에게 기세를 맡긴다. 기세를 잘 조종하는 자는 병사들을 지휘하여 싸울 때에 나무나 돌처럼 전환시킨다.

故善戰者 求之於勢 不責於人 故能擇人而任勢 任勢者 其戰人也 如轉木石
고선전자 구지어세 불책어인 고능택인이임세 임세자 기전인야 여전목석

손자는 '전쟁을 잘하는 자는 싸움에서 승리하는 전략을 구하고, 병사들에게는 책임을 지우지 않는다.'고 말합니다. 그리고 능력 있는 자를 뽑아 임명하고 그에게 기세를 맡김으로써 전쟁에 임하게 한다고 합니다. 그런 까닭에 병법을 잘 운용하는 자는 병사들을 지휘하여 싸울 때 나무나 돌이 구르는 것처럼 싸우게 한다고 합니다. 손자의 말처럼 뛰어난 장수는 지략이 뛰어나고 용병을 잘합니다. 그래서 적재적소에 맞게 병사를 뽑고 일단 맡기면 신의로써 대합니다. 그리고 병사를 탓하지 않고, 세 즉 군대가 지닌 힘에 승리를 맡깁니다. 그래서 이러한 장수는 돌과 나무를 자유자재로 굴리듯이 아주 민첩하고 대범하지요.

그러나 장수로서 역량이 부족한 장수는 지략이 신통치 않고 용병도 잘하지 못합니다. 그러다보니 병사들을 뽑을 때도 병사들이 지닌 장점을 제대로 살리지도 못하고, 문제가 발생하면 병사들을 탓합니다. 이런 장수는 장수로서 재능이 부족하여 전쟁에서 패하기 십상입니다. 전쟁에서 이기기 위해서는 상황에 맞게 전략을 세우는 것이 무엇보다 중요합니다. 특히, 여러 가지 전략 중에서 적의 허점 즉 약한 곳을 집중 공략하면 큰 효과를 보게 됩니다. 다만 적의 약점이 무엇인지를 적보다 빨리 찾아내는 것이 중요하지요. 그래야 적이 공격하기 전에 선수를 칠 수 있으니까요.

손자는 '병지소가 여이하투란자 허실시야兵之所加 如以碬投卵者 虛實是也'라고 했습니다. 이는 '군대가 공격할 때는 돌로 계란을 치듯이 적을 초토화시킬 수 있는 것은 적의 허와 실을 잘 파악하여 운용함으로써 가능하다.'라는 뜻입니다. 그러니까 적과 싸울 때 단단한 돌로 작은 충격에도 깨지는 계란을 박살내듯 할 수 있는 것은 적의 허점과 빈틈없음을 잘 살펴 가려냄으로써 가능하다는 말입니다. 그렇습니다. 적의 허虛와 실實을 잘 살피는 것은 전쟁에 있어 매우 중요합니다. 허점을 찾아 공격하면 적을 쉽게 무너뜨릴 수 있기 때문입니다.

　우리가 삶을 살다보면 우리를 둘러싸고 있는 갖가지 일들이 있습니다, 그 일들 중엔 우리가 순조롭게 할 수 있는 것도 있지만 때에 따라서는 능력에 부치는 일이나 힘든 일이 있습니다. 그럴 땐 지혜롭게 허점이 무엇인지를 잘 살펴야 합니다. 물론 쉽지는 않습니다. 하지만 그렇게 해야 허점을 찾을 수 있고, 그것을 완결함으로써 문제를 해결할 수 있습니다. 전쟁도 삶의 일부분이며 삶 또한 전쟁과도 같습니다. 삶과의 전쟁에서 지혜롭게 싸워 이길 수 있도록 삶의 전략을 잘 세워야 합니다.

전쟁은 변칙전술의 장場이다

*

전쟁은 원칙으로 싸워 이길 수 없습니다. 모략이 바퀴벌레 들끓듯이 하는 곳이 전쟁터입니다. 갖가지 다양한 용병술과 전략이 판치는 전쟁에서 변칙은 적을 감쪽같이 속일 수 있는 좋은 상책이라고 할 수 있습니다. 제나라 장수 전기는 손빈을 보는 순간 그가 범상한 인물이 아니라는 것을 알았습니다. 손빈을 자신의 곁에 두면 큰 힘이 되리라는 생각에 그를 예를 갖춰 맞아들였습니다.

BC 341년 위나라와 조나라가 함께 한나라를 공격했습니다. 그러자 한나라는 제나라에 위급함을 알리고 도움을 요청했습니다. 제나라는 즉각 전기를 선봉장에 세우고, 손빈도 함께 위나라로 갔습니다. 위나라 장수 방연은 제나라가 위나라를 치기 위해 위나라로 갔다는 소식을 듣고, 한나라에 대한 공격을 포기하고 위나라로 돌아갔습니다. 하지만 제나라 군대는 방연보다 앞서 위나라 국경을 넘었습니다.

손빈이 가만히 방연의 추격 속도를 셈해보니 날이 저물 때쯤이면, 위나라 마릉에 도착할 것이라고 예상했습니다. 그리고 길옆에 큰 나무의 껍질을 벗겨내고 '방연은 이 나무 아래에서 죽게 될 것이다.'라고 글을 썼습니다. 그리고는 제나라 군사 중 활을 잘 쏘는 병사들을 골라 쇠로 된 발사장치가 달린 활인 쇠뇌 1만 개를 준비시켜 길 양쪽에 매복시켰습니다. 그리고 일러 말하기를 "해가 저물 때쯤 불이 켜지면 일제히 쏘도록 하라!"고 지시했습니다.

밤이 되자 방연은 그곳에 도착했습니다. 그리고 나무에 써 놓은 글씨를 보고는 불을 밝혀 읽었습니다. 그 순간 제나라 군사들은 일제히 쇠뇌를 쏘았습니다. 그러자 놀란 위나라 군사들은 이리저리 도망치기 시작했습니다. 그러자 방연은 자신의 재능이 다함을 알고는 스스로 제 몸을 찔러 죽고 말았습니다.

이 전쟁에서 손빈은 뛰어난 지략가답게 위나라 방연이 어떻게 행동할지를 이미 간파하였던 것입니다. 그런 까닭에 그에 맞는 전략을 세우고 방연이 도착하길 기다렸는데, 역시나 그의 생각대로 큰 힘들이지 않고 위나라 군대를 물리칠 수 있었습니다. 여기서 손빈이 세운 전략은 '이정합 이기승以正合 以奇勝'입니다. 즉, 정공법인 원칙으로 싸우되 기습 즉 변칙으로 싸워 이겼습니다. 원칙과 변칙을 조화롭게 잘 적용하였던 것입니다. 전쟁에서 '정'이라는 것은 원칙이지만 그것만으로는 적을 이길 수 없습니다. 물론 때에 따라서는 이길 수도 있습니다. 그러나 상황에 맞는 변칙적인 전략을 세우면 의외로 쉽게 적을 물리칠 수 있습니다. 이럴 경우 원칙과 변칙은 하나와 같이 상호작용을 합니다. 원칙으로 끌어들이되 마무리는 변칙으로 하는 것이지요.

이처럼 전쟁에서 원칙과 변칙을 상황에 따라 적절하게 운용한다면, 승리하는 데 큰 도움이 됩니다. 원칙과 변칙은 엄연히 다른 것이지만, 하나의 끈으로 연결된 것처럼 서로 상호의존적이며 보완적인 관계와도 같습니다. 그런 까닭에 원칙과 변칙을 지혜롭게 운용한다면 전쟁에서 승리할 확률은 그만 커지게 되는 것입니다.

왜 그럴까요? 전쟁은 변칙의 장場이기 때문입니다. 이를 너무도 잘 알았던 손자는 '전세불과기정 기정지변 불가승궁야戰勢不過奇正 奇正之變 不可勝窮也'라고 했습니다. 이는 '전쟁에 있어 전술은 원칙과 변칙 등 두 가지에 불과하지만, 그 두 가지가 조화롭게 변화하면 모든 것을 알기에는 불가능하다.'는 뜻입니다. 그러니까 변화무쌍한 전략과 전술을 쓰는 데 있어 원칙과 변칙은 매우 중요한 역할을 한다는 것입니다. 손빈은 뛰어난 장수이자 전략가로서 원칙과 변칙에 능한 지략가였습니다.

원칙을 기본으로 하되 변칙으로 이기기

*

세계 최대 최고의 커피브랜드인 스타벅스는 2021년 현재 전 세계적으로 체인점이 30,000여 개가 넘습니다. 스타벅스의 CEO인 하워드 슐츠. 그는 지금 남부러울 것이 없는 최고의 삶을 살고 있습니다. 하지만 그런 그에게도 파란만장한 고난의 시절이 있었습니다. 슐츠는 어린 시절 지독한 가난으로 미국 연방정부 보조주택지역인 브루클린 카니지 빈민촌에서 생활해야만 했습니다. 그는 12살 때부터 신문을 배달하고, 간이식당에서 아르바이트를 했습니다. 16살엔 모피가게에서 엄지손가락에 굳은살이 배도록 피혁을 펴는 일을 했습니다. 그러나 그는 불평하지 않았습니다. 3남매 장남으로서 깊은 책임감을 느꼈기 때문입니다.

슐츠는 타고난 운동신경으로 야구, 농구, 미식축구 등에 뛰어난 소질을 보여 언제나 주목을 받았습니다. 특히 미국 국민들이 제일 좋아하는 미식축구 실력이 빼어났습니다. 고등학교를 마친 그는 미식축구 특기생으로 대학에서 공부할 수 있었습니다. 대학을 마치고 사회에 진출한 슐츠는 세일즈맨으로, 75,000달러의 연봉과 승용차와 판공비까지 제공되는 해마플라스트의 부사장으로 근무하며 안정적인 미래가 보장되는 자리에 있었습니다. 하지만 그는 그 모든 혜택을 모두 내려놓고 구멍가게와도 같은 스타벅스에 입사하였습니다.

그가 다소 무모해보이는 이런 결정을 한 데는 이유가 있었습니다.

어느 날 커피에 관심을 갖게 된 슐츠는 스타벅스가 있는 시애틀로 가 세밀하게 관찰하며 비전을 발견하였습니다. 비전이 보이자 안정적인 삶을 버리고 작은 구멍가게에 불과한 스타벅스에 입사하기로 결심했던 것입니다. 그러나 스타벅스는 그를 원하지 않았습니다. 그럼에도 그는 1년 동안 끈질기게 스타벅스 제리 볼드윈을 설득한 끝에 스타벅스에 입사를 하였습니다. 그후 업무차 이탈리아를 방문한 그는 이탈리아의 낭만적인 커피문화에 흠뻑 취해 커피숍을 순회하며 일일이 눈에 담고 메모하였습니다.

미국으로 돌아 온 슐츠는 미국에 이탈리아식 커피문화를 즐길 수 있는 커피숍을 오픈한다면 분명 성공할 것이라고 확신했습니다. 그래서 스타벅스 경영진에게 건의했으나, 그들은 그럴 생각이 전혀 없었습니다. 슐츠는 자신이 직접 회사를 차리기로 하고 투자자들을 물색하였습니다. 투자 설명을 들은 사람들은 대개 부정적인 견해를 보였지만, 그는 포기하지 않고 끈질기게 설득을 하였습니다. 그러자 그의 진정성을 눈여겨보던 스콧 그린버그, 산부인과 의사, 아니 프렌티스 등이 함께하기로 했습니다.

그리고 마침내 '일 지오날레' 회사를 창업하고 3년 뒤 자신이 그토록 원하는 스타벅스를 인수하였습니다. 스타벅스를 인수하고 3년 동안 적자가 나자 이사들은 슐츠에게 불만을 토로하며 경영방법을 바꾸라고 요구하였습니다. 하지만 그는 경영진을 끌어들이고 배전시설을 더 좋게 만들고 회사 시스템을 갖춰야 한다며 자신의 주장을 굽히지 않았습니다. 그의 간절한 의지에 이사들은 뜻을 같이 해주었고, 마침내 1990년 흑자를 넘으로써 자신이 옳았음을 증명해보였습니다.

사실 스타벅스를 인수했지만 개선해야 할 점이 한두 가지가 아니었습니다. 시설면에서도 그렇고, 커피숍 운영 시스템도 그렇고, 판매 시스템도 여러 가지 문제를 안고 있었던 것입니다. 그것을 개선하지 않은 상태에서 흑자를 내기란 힘든 일이었습니다. 슐츠는 그것을 잘 알고 있었습니다. 그래서 그는 투자를 통해 개선하기를 바랐던 것입니다.

슐츠는 커피숍을 새로 오픈할 땐 임대료가 비싸도 목이 좋은 곳을 골랐고, 커피숍 장소를 물색하는 등 부동산 분야는 전문가를 채용하여 보다 체계화를 시켜나갔습니다. 자연히 투자가 늘어날 수밖에 없었습니다. 그는 수익이 나는 대로 투자를 함으로써 회사를 안정적으로 그리고 크게 성장시킬 수 있었습니다. 재투자는 기초를 튼튼히 다지는 경영전략입니다. 슐츠는 각 분야에 맞게 신속하게 재투자를 함으로써 성장을 이끌어낼 수 있었습니다.

슐츠가 성공할 수 있었던 전략을 세 가지 측면에서 살펴보겠습니다.

첫째, 고객을 감동시키기입니다. 고객은 선택의 자유와 권리를 갖고 있습니다. 고객은 자기 돈을 자기가 원하는 곳에서 쓸 수 있습니다. 아무리 갖은 말로 고객을 유치하려고 해도 고객이 'NO'하면 그만입니다. 고객을 유치하기 위해서는 고객이 'YES'하도록 만들어야 합니다. 고객의 입에서 'YES'라는 말이 나오도록 하기 위해서는 여러 가지 방법이 있을 것입니다. 그중 고객을 감동시키기는 매우 중요합니다. 사람은 감동하게 되면 자신의 것을 아까워하지 않고 감동을 준 사람에게 주려고 하는 경향이 있습니다. 슐츠는 이점을 잘 알았던 것입니다.

슐츠는 고객들에게 스타벅스만의 차별화를 시도했습니다. 그의 시도는 신선함 그리고 낭만과 극치감을 느끼게 하는 것이었습니다. 먼저 그는 스타벅스를 찾는 고객들이 갖는 최소한의 시간 동안 이곳에 오면 참 아늑하고 마음이 평안해진다는 생각을 갖도록 인테리어와 디자인을 갖추었습니다. 또한 그들이 대접받는다는 기분이 들도록 바리스타와 직원 들은 친절을 베풀었습니다. 또한 그는 화이트칼라나 블루칼라들이 같은 가격으로 커피를 즐기게 함으로써 가난한 자들에게 자긍심을 심어주었습니다. 이에 대해 고객들은 아주 만족해했습니다.

이처럼 고객의, 고객에 의한, 고객을 위한 고객감동 전략은 그대로 감동으로 전해졌던 것입니다. 고객은 감동을 계속 누리고 싶어 자신이 좋아하는 곳을 매번 가게 됩니다. 스타벅스 고객들이 커피숍을 찾는 평균횟수는 한 달에 18회라고 하니 놀라운 일입니다. 이 모두가 고객을 감동시키는 전략의 결과인 것입니다.

둘째, 고객을 주인으로 모시기입니다. 고객이 없는 회사는 더 이상 존재가치가 없습니다, 사주는 사람이 없는데 제품이 아무리 좋은들 무슨 소용이 있을까요. 기업이 성장하기 위해서는 제품이 좋아야 하고, 고객이 만족할 수 있는 서비스가 되어야 하고, 고객들을 진정으로 위하는 마음이 있어야 합니다. 아무리 제품이 좋다고 해도 그

건 제한적일 수밖에 없습니다. 고객에 대한 서비스가 엉망이면 그 제품을 사려는 고객이 그만큼 적어지기 때문이지요. 슐츠는 고객들을 위해 커피에 대한 정보를 제공하고, 커피숍에 안내책자를 전시하고, 스타벅스 특별음료 만드는 방법, 커피문화에 대한 월간잡지를 발행하고, 다양한 음악을 즐기게 하고, 인테리어, 의자 스타일 등 모든 것을 고객들이 좋아할 수 있는 것들로 갖춤으로써 주인대접을 받는 다는 생각이 들도록 차원을 높였습니다.

셋째, 고객들의 맛과 취향을 다양화시킨 것입니다. 스타벅스는 1994년 두 번째 패러다임 변화를 시도했는데, 첫 번째는 1984년 커피 외에 커피음료를 판매한 것이고, 두 번째는 커피향을 즐길 수 있도록 병음료, 아이스크림 등 새로운 제품을 판매한 것입니다. 스타벅스가 이렇게 할 수 있었던 것은 변화를 유도하기 위해 슐츠는 펩시콜라와 협약을 맺은 것입니다. 고객들은 새로운 커피음료와 커피향을 즐기는 병음료와 아이스크림이 나오자 그 맛에 깊이 빠져들었습니다. 이러한 변화의 시도는 스타벅스가 성장하는 데 있어 새로운 도약의 기회가 되었습니다. 그 결과 판매에 있어 괄목할 만한 급성장을 이룰 수 있었습니다.

이를 손자의 관점에서 살펴본다면, 슐츠가 고객에 대하여 행한 전략은 '전세불과기정 기정지변 불가승궁야戰勢不過奇正 奇正之變 不可勝窮也'입니다. 이는 '전쟁에 있어 전술은 원칙과 변칙 등 두 가지에 불과하지만, 그 두 가지가 조화롭게 변화하면 모든 것을 알기에는 불가능하다.'는 뜻입니다. 그러니까 슐츠는 원칙과 변칙을 잘 조화시켰습니다. 여기서 원칙에 해당하는 것은 고객을 감동시키기, 고객을 주인으로 모시기, 고객들의 맛의 취향을 다양화 시키기입니다. 슐츠는 스타벅스라는 커피브랜드 CEO로서 고객에게 마땅히 해야 할 일인 것입니다. 고객을 세심하게 살피고 대하는 것은 기업을 경영하는 사람에겐 이는 아주 기본적이면서도 고차원적인 원칙인 것입니다. 고객이 없다면 기업은 존재할 수 없는 일이니까요. 그래서 고객들이 어떡하면 더 내 회사의 제품을 좋아하고 선택하게 할 수 있는지에 대해 연구하고 노력해야 하는 것입니다. 고객들을 위해 노력하는 것은 하나의 변칙과도 같은 것입니다.

그런데 여기서 분명히 알아야 할 것은 고객은 언제 어느 때나 기업에겐 소중한 존재이기에 잘해야 하는 것은 원칙이고, 고객이 제품을 좋아하고 선택하게 하기 위해 최선을 다해야 하는 것은 변칙입니다. 그런데 이 둘은 하나로 연결되어 있다는 것입니다. 그래서 어느한 쪽만이 잘해서는 안 되고, 둘 다 잘해야 기업이 발전하고 성공할수 있는 것입니다. 왜 그럴까요? 원칙과 변칙은 따로 떨어진 것이 아닌 상호의존적이고, 보완적인 관계이기 때문입니다. 그런 까닭에 손자는 '기정상생 여순환지무단 숙능궁지奇正相生 如循環之無端 孰能窮之'라고 했던 것입니다. 그렇습니다. 원칙은 원칙적인 것을 지키고, 변칙은 또 변칙대로 원활할 수 있도록 해야 합니다. 원칙과 변칙은 서로 상호의존적일 때 생각지 못한 새로운 전술이 발현됨으로써 전략에 있어 큰 힘을 발휘하게 되기 때문입니다.

삶을 살아가다보면 원칙만으로는 안 되는 일이 많습니다. 그럴 땐 '운용이 미美'를 살려야 합니다. 이 운용의 미는 바로 '변칙'입니다. 운용의 미를 잘 살리기 위해서는 첫째, 모든 일은 원칙을 기본으로 해야 합니다. 변칙은 원칙에서 나오는 상호의존적인 것이기 때문입니다. 그런 까닭에 원칙을 잘 세우고 잘 이행해야 합니다. 둘째, 원칙을 뒷받침해줄 수 있는 다양한 아이디어를 낼 수 있도록 상상력과 창의력을 발휘할 수 있어야 합니다. 그러기 위해서는 항상 공부하고 연구해야 합니다. 셋째, 자기를 계발하는 일에 열심이어야 합니다. 자기계발은 숨어 있는 자신의 능력을 끄집어내 발휘하게 하는 원동력입니다.

이 운용의 미를 잘 살린다면, 원칙과 변칙을 조화롭게 적용시킴으로써 '병지소가 여이하투란자 허실시야兵之所加 如以碬投卵者 虛實是也' 라 즉, '군대가 공격할 때는 돌로 계란을 치듯이 적을 초토화시킬 수 있는 것은 적의 허와 실을 잘 파악하여 운용함으로써 가능하다.'는 손자의 말처럼 자신의 일을 능히 해낼 수 있습니다.

그렇습니다. 모든 성공은 준비를 잘했느냐 못 했느냐의 여하에 따라 결정되어지는 것입니다. 특히. 50대란 나이는 앞으로 남은 인생의 시간을 잘 보내기 위해 철저하게 준비하는 시기입니다. 그러기 위해서는 배움을 멈추지 말아야 합니다. 배울 수 있는 것은 무엇이든 배워야 합니다. 배움은 원칙이고, 배운 것을 다양하게 활용하는 것은 변칙입니다. 자신의 남은 인생을 알차게 보낼 수 있도록 빈틈없이 준비해야 하겠습니다.

제6부

허실편 | 虛實篇

상대를 불러들이되 끌려가지 않기

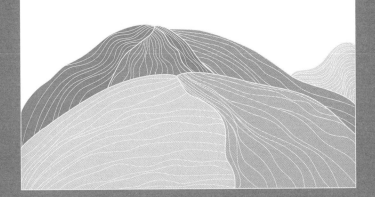

01

상대를 불러들이되 끌려가지 않기

전쟁터의 거처를 선점하여 적을 기다리는 자는 편안하다.
늦게 전쟁터에 거처를 잡고 전투에 달려가는 자는 피로하다.
그런 까닭에 전쟁을 잘하는 자는 적을 끌어들이되 적에게 끌려가지 않는다.

*

凡先處戰地而待敵者佚 後處戰地而趨戰者勞 故善戰者 致人而不致於人
범선처전지이대적자일 후처전지이추전자로 고선전자 치인이불치어인

적을 유인하되 적에게 끌려가지 않기

*

전쟁이란 항상 변수가 많은 법입니다. 날씨에 따라서도 그렇고, 지형에 따라서도 그렇고, 병력수에 따라서도 그렇고, 적의 전략에 따라서도 그렇고 늘 변수가 많습니다. 그런 까닭에 변수에 따라 전략이 바뀌는 것은 당연합니다. 그렇지 않으면 적에게 패할 수 있기 때문입니다. 적을 이기기 위해서는 상황에 따라 다양한 전술이 필요하고, 다양한 전략이 필요합니다. 누가 더 상황에 맞는 전술과 전략을 펼치느냐에 따라 승패는 갈리는 것입니다.

손자는《손자병법》〈허실편〉에서 전쟁에서 이기는 법을 여러 가지 측면에서 말합니다. 그 중 대표적인 것 몇 가지만 삶에 적용시킨다면 삶을 지혜롭게 살아가는 데 큰 도움이 될 것입니다.

먼저, 적이 스스로 오게 하거나 오지 못하게 하는 것입니다. 적이 제 발로 찾아오게 유인하여 적을 기습으로 제압하면 그 보다 더 좋은 것은 없습니다. 이와 반대로 적이 접근하지 못하도록 하고, 틈을 봐서 공격하는 것도 좋은 전략입니다. 둘 다 전면전을 치르지 않고 변칙으로 이길 수 있는 전략이기 때문입니다. 손자는 이에 대해 '능사적인자지자 이지야 능사적인부득지자 해지야能使敵人自至者 利之也 能使敵人不得至者 害之也'라고 했습니다. 이는 '적이 스스로 오게 하려면 이로움으로 적을 유인하되, 적이 오지 못하도록 하려면 해롭게 하는 것처럼 보여주라.'는 뜻입니다. 그러니까 쉽게 말해서 적을 끌어들이기 위해서는 당근전략을 쓰고, 적이 제 발로 오지 못하도록 두려움에 떨게 하는 해가 되는 전략을 펼치라는 말입니다.

둘째, 상황에 따라 적합한 전략을 펼치는 것입니다. 전쟁이란 늘 변수가 따르는 법입니다. 그러면 그 변수에 맞는 전략을 펼쳐야 합니다. 그렇지 않으면 상대로부터 공격을 받아 패할 수 있기 때문입니다. 그런 까닭에 상황에 맞게 신속하게 전략을 펼칠 수 있는 능력이 적보다 뛰어나도록 하는 것이 중요합니다. 손자는 이에 대해 '수인지이제류 병인적이제승 고병무상세 수무상형水因地而制流 兵因敵而制勝 故兵無常勢 水無常形'이라고 했습니다. 이는 '물은 지형에 따라 그에 맞게 흐르는 방향이 정해지며, 군대는 적의 정세에 따라 그에 맞는 승리의 방법을 정하게 된다. 그런 까닭에 전쟁을 하는 데는 영원한 형세가 없는 바 이는 물이 일정한 형태가 없는 것과 같다.'는 뜻입니다. 그러니까 한 마디로 말해서 그때마다의 주어진 상황에 맞게 전략을 잘 세워야 하며, 그것이 승리의 요건이 될 수 있도록 해야 함을 말합니다.

셋째, 한 번 이긴 전략은 두 번 다시 쓰지 않는 것입니다. 전쟁에서 이긴 전략을 같은 전쟁에 다시 쓰면 전략이 노출되는 것과 다름없습니다. 적이 어리석지 않고서야 두 번 다시는 같은 전략에 속지 않을 것이 자명하기 때문이지요. 그래서 새로운 전략으로 변화를 주어야 하는 것입니다. 손자는 이에 대해 '고기전승불복 이응형어무궁 故其戰勝不復 而應形於無窮'이라고 했습니다. 이는 '그런 까닭에 한 번 승리한 전략은 반복하여 쓰지 말고, 끝임 없이 변화시켜 형세에 맞게 대응해야 한다.'는 뜻입니다. 그러니까 전쟁에서 이기기 위해서는 항상 다양한 전략을 적보다 많이 세워놓는 것이 중요합니다. 그것은 곧 승리의 관건이 되기 때문입니다.

넷째는 적을 드러내게 하되, 나를 숨기는 것입니다. 전쟁에서 적에서 노출된다는 것은 반쯤은 이미 진 것과 다름없습니다. 노출되는 순간 적으로부터 공격을 받을 수 있기 때문입니다. 하지만 나를 숨기면 적은 나를 절대 공격하지 못합니다. 상대를 볼 수 없다는 것은 마치 큰 산에 가려 있는 형상과도 같기 때문입니다. 손자는 이에 대해 '고형인이아무형 즉아전이적분 故形人而我無形 則我專而敵分'이라고 했습니다. 이는 '그런 까닭에 적의 모습은 드러나게 하되 아군의 모습을 드러내지 않는 것은, 아군의 병력은 집중시킬 수 있지만, 적의 병력은 흩어질 수밖에 없다.'는 뜻입니다. 그러니까 어떤 상황에서든, 어떤 곳에서든 나를 숨기는 전략이 반드시 필요하다는 것입니다. 그런 반면 어떤 방법을 쓰더라도 숨어 있는 적을 노출시킬 수 있어야 한다는 것입니다. 그랬을 때 급습할 수 있는 기회를 갖게 됨으로써 승리할 수 있기 때문입니다.

다섯째, 아군이 공격할 곳이 어디인지 적이 모르게 하는 것입니다. 전투를 할 때 적이 아군이 어디로 공격하지를 모른다면, 이는 싸우나마나입니다. 적은 모르지만 아군은 적을 훤히 바라보고 공격을 하므로 적은 궤멸당할 수밖에 없습니다. 손자는 이에 대해 '오소여전지지 불가지 즉적소비자다 적소비자다 즉오지소전자과의吾所與戰之地 不可知 則敵所備者多 敵所備者多 則吾之所戰者寡矣'라고 했습니다. 이는 '아군이 공격할 곳이 어디인지 적이 모르게 해야 한다. 그러면 적이 수비할 곳이 많아지게 된다. 적이 수비할 곳이 많게 되면 아군이 싸울 적군의 수가 적게 된다.'라는 뜻입니다. 그러니까 아군이 어디로 공격할지 적이 모르게 하면 적은 어디로 공격할지를 모르니까 자연히 수비할 곳이 많아질 수밖에 없고, 그렇게 되면 아군이 싸워야 할 적군의 수가 줄어들게 됨으로써 아군이 승리할 수 있게 된다는 말입니다.

손자의《손자병법》〈허실편〉을 다섯 가지 관점에서 살펴보았습니다. 모두가 다 하나같이 적을 이길 수 있는 전략이 아닐 수 없습니다. 그러나 부뚜막의 소금도 넣어야 제 맛이 나는 법처럼, 이 다섯 가지 전략을 마음에 새겨 현실에 맞게 적용할 수 있다면, 삶을 살아가는 데 큰 도움이 될 것입니다. 누누이 말하자면 삶과 전쟁은 같은 것입니다. 삶이 곧 전쟁이고, 전쟁 또한 삶의 한 부분이기 때문입니다. 우리는 날마다 삶의 전쟁터에서 살아가고 있습니다. 그런데 어떤 사람은 삶과의 전쟁에서 승리자가 되고, 또 다른 어떤 사람은 패배자가 됩니다. 하지만 한 가지 분명한 것은 한 번 승리했다고 해서 계속 승리자로 살 수 없고, 한 번 패배했다고 해서 계속 패배자로 사는 것은 아닙니다. 오늘의 승리자가 내일은 패배자가 되고, 오늘의 패배자가 내일은 승리자가 되는 게 삶입니다.

그러니까 한 번 승리자가 됐다고 자만해서도 안 되고, 한 번 패배자가 됐다고 좌절해서도 안 됩니다. 삶은 언제 어떻게 바뀔지 모릅니다. 그래서 늘 삶과의 전쟁에 대비해야 합니다. 대비를 잘하는 자는 승리자가 되고, 그렇지 않은 자는 패배자가 되는 것입니다. 삶에서 만나는 적을 유인하여 싸워 이기되, 적에게 끌려가지 않도록 하는 것, 이것이 이기는 비법인 것입니다.

적보다 유리한 상황을 점하기

*

전쟁에 있어 전면전을 펼치든 매복을 하든 어떤 전략으로 전쟁을 하던 유리한 상황에 먼저 이르는 것이 상책입니다. 그것은 전쟁에서 이길 확률을 높이는 기회가 되기 때문입니다. 그런 까닭에 적보다 유리한 상황을 점하기 위해서는 적보다 빼어난 전략과 전술이 필요합니다. 그에 따라 전쟁에서 이기느냐 지느냐, 사느냐 죽느냐가 결정되기 때문입니다.

중국 전국시대 말 진나라의 명장 왕전은 60만 대군을 이끌고 초나라 국경 근처에 진을 쳤습니다. 이에 초나라는 군대를 동원하여 왕진 군대에 맞섰습니다. 하지만 왕전은 이를 본체만 체하며 오로지 성을 구축하고 주변에 참호를 팔 뿐 싸울 의지를 보이지 않았습니다. 왕전은 성을 튼튼하게 구축하겠다는 의지를 보이기라도 하는 양 씨를 뿌리고 채소를 가꾸는 등 장기전에 대비했습니다. 초나라 군대는 그렇다고 먼저 공격할 처지도 아니었습니다. 진나라 군대와 초나라 군대는 서로 대치하며 상황을 보고 있을 뿐이었습니다.

그렇게 1년이 지나자 초조해지고 조급해진 것은 초나라 조정이었습니다. 그러는 동안 왕전은 장수와 병사들의 기를 살려주고, 실컷 먹고 마시며 충분한 휴식을 취하게 했습니다. 그러자 진나라 장수와 병사들의 사기는 충전되고, 몸은 더욱 튼튼해졌습니다. 또한 거듭 된 훈련으로 병사들의 전투능력은 매우 상승되었습니다. 그 모습을 지그시 바라보는 왕전의 얼굴에는 웃음기로 가득 했습니다.

진나라 군대에서 싸울 의지를 보이지 않자, 초나라 장수들과 병사들은 긴장이 풀어지고 전투에 대한 의지가 시들해졌습니다. 그런데다 본토에 일부병력을 빼내 이동시켰습니다. 왕전은 그제야 시기가 되었다고 생각하고 즉시 초나라 군대를 공격했습니다. 진나라 장수들과 병사들은 날랜 짐승처럼 초나라 병사들을 쓰러뜨렸습니다. 초나라 군대 진영은 그야말로 완전히 초토화되고 말았습니다. 진나라의 완승이었습니다.

왕전은 적이 안심하도록 편히 쉬면서 힘을 기른 끝에, 기회가 오자 일시에 공격하여 적을 완전히 섬멸시켰던 것입니다. 왕전의 전략은 아주 효과적으로 작용하였습니다. 이처럼 적과의 싸움에 있어 상대의 경계심을 풀게 하여 틈을 봐서 공격하는 전략은 고도의 전략이라고 할 수 있습니다.

손자는 '수인지이제류 병인적이제승 고병무상세 수무상형水因地而制流 兵因敵而制勝 故兵無常勢 水無常形'이라고 했습니다. 이는 '물은 지형에 따라 그에 맞게 흐르는 방향이 정해지며, 군대는 적의 정세에 따라 그에 맞는 승리의 방법을 정하게 된다. 그런 까닭에 전쟁을 하는 데는 영원한 형세가 없는 바 이는 물이 일정한 형태가 없는 것과 같다.'는 뜻입니다. 그러니까 왕전이 쓴 전략은 물이 지형에 따라 흐르는 것이 같이 초나라 군대가 어떻게 나오는지를 미리 간파하고 세웠던 전략이라고 할 수 있습니다.

한나라 왕 유방은 한신에게 명해 제齊나라와 조趙나라를 치게 하였습니다. 조나라를 공격하기 위해서는 정경이라는 좁은 길을 지나가야만 했습니다. 조나라는 한신이 이끄는 한나라 군대를 막기 위해 20만의 병력을 동원하였지만, 한신이 두려워 의견이 분분하였습니다. 그리고 내린 결론은 한나라 군대를 결판을 내자며 강한 의지를 보이는 것이었습니다. 조나라 장수들이 그렇게 말할 수 있었던 것은 한나라 군대는 먼 길을 왔기 때문에 많이 지쳐 있다는 결론에서였습니다.

이 소식을 들은 한신은 크게 기뻐하며 군대를 이끌고 정경의 좁은 길을 지났습니다. 그리고 정경에서 수십 리 떨어진 곳에서 야영을 하였습니다. 그리고 기병 2천 명의 병사들에게 빨간 기를 들고 산에 숨어 있다가 기습하도록 명하였습니다. 한신의 전략은 이러했습니다. 본부대가 싸우는 척하다가 후퇴를 할 때 성에 있던 적군이 추격해오면 그때 산에 숨어 있던 기병이 조나라 성 안으로 들어가 조나라 기를 뽑아내고 빨간 기를 꽂는 것이었습니다.

한신은 강을 등지고 진을 쳤습니다. 이 또한 그의 전략이었습니다. 이를 안 조나라 장수들은 그동안 한신을 두려워하였는데, 병법도 모르는 어리석은 장수라고 한신을 얕보았습니다. 그리고 해가 지고 어두워지자 한신은 조나라에 대해 공격명령을 내렸습니다. 그러자 조나라 군대는 물밀 듯이 공격해왔습니다. 마침내 격전이 벌어졌습니다. 한나라 병사들은 뒤에는 강이 있어 죽기 살기로 싸웠습니다. 그 틈에 산에서 대기하고 있던 한나라 기병은 조나라 성으로 들어가 조나라 기를 뽑아내고 빨간 기를 꽂았습니다.

조나라 군대는 자신들이 밀리자 성으로 들어가려고 했지만, 성안에 꽂혀 있는 수많은 빨간 기를 보고는 당황하기 시작했습니다. 그때 한나라 군대가 반격을 가하자 조나라 군대는 우왕좌왕하며 어쩔 줄을 몰랐습니다. 완전히 전투력을 상실하고 말았습니다. 조나라의 수많은 병사들은 목숨을 잃었으며, 조나라 왕은 포로가 되었습니다. 한나라의 완승이었습니다.

손자는 '범선처전지이대적자일 후처전지이추전자노 고선전자 치인이불치어인凡先處戰地而待敵者佚 後處戰地而趨戰者勞 故善戰者 致人而不致於人'이라 했습니다. 이는 '전쟁터의 거처를 선점하여 적을 기다리는 자는 편안하다. 늦게 전쟁터에 거처를 잡고 전투에 달려가는 자는 피로하다. 그런 까닭에 전쟁을 잘하는 자는 적을 끌어들이되 적에게 끌려가지 않는다.'는 뜻입니다.

한신이 승리할 수 있었던 것은 손자의 말처럼 싸울 곳을 미리 정해 배수진을 치고 적을 유인해 싸움을 벌이는 동안, 산에 매복해둔 병사들이 일사불란하게 적의 성 안으로 들어가 빨간 기를 꽂아 적의 의욕을 꺾어버렸기 때문입니다. 또한 한신이 배수진을 친 강가로 조나라 군대를 유인할 수 있었던 것은 조나라 군대로 하여금 쉽게 이길 수 있다는 틈을 주었기 때문입니다. 그러니까 강가에 진을 친다는 것은 어리석은 장수나 할 수 있는 졸렬한 병법이라는 것이 조나라 왕과 장수들의 생각이었던 것입니다. 이는 조나라 입장에서는 매우 이로운 일이었으니까요.

이처럼 적에게 이로움을 주면서 유인하는 전략은 적을 쉽게 유인함으로써 이길 수 있는 기회를 마련하는 것과 같습니다. 이에 대해 손자는 '능사적인자지자 이지야 능사적인부득지자 해지야能使敵人自至者 利之也 能使敵人不得至者 害之也'라고 했습니다. 이는 '적이 스스로 오게 하려면 이로움으로 적을 유인하되, 적이 오지 못하도록 하려면 해롭게 하는 것처럼 보여주라.'는 뜻입니다. 그렇습니다. 적을 이롭게 하는 척하며 싸우는 전략은 적을 쉽게 이길 수 있고, 적이 오지 못하게 하려면 적이 두려움을 갖도록 하면 되는 것입니다.

상대를 끌어들여 강한 믿음과 강한 확신으로 사로잡기

*

상대로부터 자신이 원하는 것을 얻기 위해서는 여러 가지 방법이 있습니다. 그 중 하나를 꼽자면 상대를 자신의 계획에 끌어들여 강한 믿음과 확신을 심어주는 것입니다. 이런 삶의 전략은 그만큼 자신이 상대에게 믿음과 신뢰를 줄 수 있는 경우에는 매우 효과적인 결과를 낳게 합니다. 상대는 그가 자신을 해롭게 하지 않는다고 믿기 때문이지요. 그래서 상대에게 강한 믿음과 확신을 준다는 것은 그만큼 자신을 스스로 돕게 하는 좋은 전략이라고 할 수 있습니다.

US 철강을 설립하고 억만장자가 된 찰스 스왑. 그는 본래 앤드류 카네기의 철강회사의 가난한 일개 노동자였습니다. 그런 그가 카네기에게 발탁되어 그 당시 7만 5천 달러의 연봉을 받았습니다. 그리고 때때로 보너스로 100만 달러를 받았습니다. 그렇다면 카네기는 왜 그에게 그와 같은 파격적인 대우를 해주었을까요? 그것은 찰스 스왑의 탁월한 능력 때문이었습니다. 그는 마치 자신이 사장인 것처럼 열심히 일했으며, 동료들 사이에서 인기가 좋았습니다. 또한 리더십이 뛰어나 자신이 맡은 일은 몇 갑절의 성과를 내어 카네기의 신임을 샀던 것입니다. 그런 찰스 스왑이 세계 최고인 US 철강의 CEO가 될 수 있었던 데에는 탁월한 삶의 전략에 있습니다.

1900년 12월 12일 밤 뉴욕에 있는 유니버시티클럽에는 미국에서 내로라하는 투자자들이 모여들었습니다. 이 자리는 J. 에드워드 시몬스와 C. 스튜어트 스미스 두 사람이 찰스 스왑을 투자자에게 소개하기 위해 마련한 자리였습니다. 찰스 스왑은 수십 명의 투자자들 앞에서 연설을 하기로 한 것입니다. 그에게는 그만의 꿈이 있었기 때문입니다.

투자자들 중엔 월가의 최고 투자자인 J. 모건이 있었는데, 그는 야망이 누구보다도 큰 사람이었습니다. 그는 찰스 스왑에게 구미가 당겼습니다. 그후 모건은 여러 측면에서 찰스 스왑의 계획을 분석했습니다. 그러는 동안 일주일이 흘렀습니다. 결심을 굳힌 J. 모건은 찰스 스왑에게 만나기를 청했습니다. 둘은 자리에 마주 앉았습니다. 여기서 모건은 찰스에게 카네기 철강회사를 인수 협상을 요청했으며, 카네기의 성격을 간파한 찰스는 뛰어난 협상력으로 카네기 철강회사를 인수하고 서른여덟이라는 젊은 나이에 사장 자리에 올랐습니다. 찰스 스왑이 J. 모건을 비롯한 쟁쟁한 투자자들을 끌어 들일 수 있었던 것은 그의 미래를 향한 그의 확신에 찬 열정의 말이었습니다.

스왑의 경우를 《손자병법》에 대비하여 보자면, 두 가지 관점으로 설명할 수 있습니다.

첫째, '치인이불치어인致人而不致於人'이라고 할 수 있습니다. 이는 '적을 유인하되 적에게 끌려가지 않는다.'는 말로, 스왑은 투자자들을 끌어 들였지만, 자신은 그들에게 끌려가지 않았습니다. 그들을 완전히 사로잡았던 것입니다.

둘째, '책지이지득실지계 작지이지동정지리 형지이지사생지지 각지이지유여부족지처策之而知得失之計 作之而知動靜之理 形之而知死生之地 角之而知有餘不足之處'라고 할 수 있습니다. 이는 '상황과 의도를 정확히 파악하고 분석하여 이해득실을 철저하게 계산하고, 적을 자극하여 적이 움직이고 멈추는 규칙 즉 상황을 파악하고, 적을 정탐하여 유리하고 불리한 지형을 알아두고, 충돌을 일으켜 적군 병력이 많은 곳과 적은 곳을 파악한다.'는 뜻입니다.

스왑은 투자자를 끌어들이기 위해 자신이 세울 철강회사의 미래와 비전에 대해 아주 구체적이고 세밀하게 계획을 세웠습니다. 이해득실을 철저하게 함으로써 투자자들이 흥미를 갖게끔 준비하였던 것입니다. 이러한 그의 전략은 투자자들의 마음을 샀고, 그 투자자들에게 심리적인 경쟁을 불러일으킴으로써 J. 모건 같은 거물 투자자를 사로잡을 수 있었습니다.

스왑이 그랬듯이 삶을 살다보면 남의 도움이 필요할 때가 있습니다. 이럴 때 자신이 도움 받고자 하는 이의 마음을 움직이게 하면, 그의 도움을 받게 됨으로써 큰 힘을 얻게 됩니다. 또한 자신이 무언가를 하기 위해 사람들을 모을 때, 그들의 마음을 움직이게 하면 그들로부터 자신이 원하는 것을 이끌어 낼 수 있습니다.

그런데 상대의 마음을 움직이게 한다는 것은 쉽지 않습니다. 그래서 상대의 마음을 움직일 수 있는 전략이 필요합니다.

첫째, 상대가 나를 믿고 지원을 해줄 수 있도록, 자신이 하고자 하는 것에 대한 계획을 철저하게 세워야 합니다. 그래야 상대가 믿음과 확신을 갖게 됩니다.

둘째, 평상시 사람들로부터 믿음을 줄 수 있게 말하고 행동해야 합니다. 사람들이 자신을 신뢰할 수 있을 때 사람들의 마음을 움직이는데 큰 도움이 되기 때문입니다.

셋째, 상대방이 마음을 열고 다가 올 수 있도록, 따뜻한 인간미를 지녀야 합니다. 사람은 누구나 그런 사람에게 마음이 끌리고 그와 함께하기를 갈망합니다. 상대의 마음을 움직이게 하기 위해서는 이 세 가지를 갖출 수 있도록 해야 합니다. 그렇게만 할 수 있다면 좋은 인간관계를 통해 자신의 뜻을 펼치는 데 큰 힘이 될 것입니다.

제7부

군쟁편 | 軍爭篇

돌아감으로써 지혜롭게 이기다

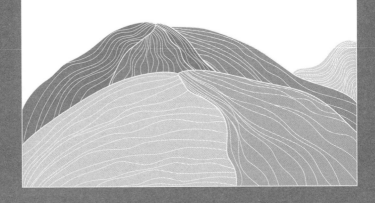

01

돌아감으로써 지혜롭게 이기다

우회함으로써 직행하는 것처럼 하다.

＊

以迂爲直

이우위직

돌아갈 줄 아는 지혜의 전략

＊

전쟁이란 서로 이기기 위해서 하는 목숨을 건 싸움입니다. 내가 적을 이기지 않으면 적에게 패함으로써 모든 것을 다 잃는 위험천만한 일입니다. 그렇기 때문에 나를 지키기 위해서는 수단과 방법을 가리지 않고 적을 이겨야 합니다. 전쟁에는 예禮도 없고, 격식格式도 없고, 인정사정도 없습니다. 또 여유도 없고, 미련도 없고, 즐거움도 없고 오직 두려움과 죽음과 공포만이 있을 뿐입니다.

손자는《손자병법》〈군쟁편〉에서 우회할 줄 알아야 한다고 말합니다. 즉 적을 이기기 위해서는 때에 따라서는 먼 길도 돌아가는 지혜를 펼치는 것이 좋은 전략이라는 것입니다. 이처럼 〈군쟁편〉에는 전쟁에서 이기기 위한 다양한 병법이 펼쳐져 있습니다. 이중에서 삶에 잘 적용할 수 있는 병법을 위주로 살펴보겠습니다.

먼저, 우회할 땐 우회하고, 이로움을 주듯이 유인하여 끌어들이는 등의 전략을 펼치는 것입니다. 전쟁을 하다보면 정면보다는 뒤로 돌아가서 공격하는 것이 더 유리할 때가 있고, 적에게 해를 끼침으로써 이로움에 이르게 하고, 이로움을 주는 척하며 적을 유인하여 끌어들이고, 적보다 늦게 출발하지만 먼저 도착해 유리함을 먼저 점할 때가 있습니다. 이는 오직 적을 이기기 위한 전략인 것입니다. 전쟁의 상황이나 분위기에 따라 이처럼 다양한 전략을 누가 더 잘 펼치느냐에 따라 승패는 결정되는 것입니다.

손자는 이에 대해 '군쟁지난자 이우위직 이환위리 고우기도 이유지이리 후인발 선인지 차지우직지계자야軍爭之難者 以迂爲直 以患爲利 故迂其途 而誘之以利 後人發 先人至 此知迂直之計者也'라고 했습니다. 이는 '전쟁이 어려운 것은 돌아감으로써 직행하여 앞지르는 것처럼 하고 해로운 것을 되려 이로운 것을 만드는 일이다. 그런 까닭에 일부러 길을 돌아감으로써 유리함을 주는 듯이 적을 유인하고 적보다 늦게 출발하지만 적보다 먼저 도착한다면 이것은 우직계를 아는 자이다.'라는 뜻입니다.

둘째, 여덟 가지 병법의 주의사항에 대해 말합니다. 손자는 이에 대해 '고릉물향 배구물역 양배물종 예졸물공 이병물식 귀사물알 위사필궐 궁구물박高陵勿向 背邱勿逆 佯北勿從 銳卒勿攻 餌兵勿食 歸師勿遏 圍師必闕 窮寇勿迫'이라고 했습니다. 고릉물향은 높은 언덕에 있는 적을 공격하지 않는 것을 말하며, 배구물역은 언덕을 등진 적을 공격하지 않는 것을 말하며, 양배물종은 거짓으로 위장해 도망가는 척하는 적을 쫓지 않는 것을 말하며, 예졸물공은 날쌔고 용맹스러운 적은 공격하지 않는 것을 말하며, 이병물식은 미끼로 풀어놓은 적을 잡지 않는 것을 말하며, 귀사물알은 자기 나라로 돌아가는 적을 막지 않는 것을 말하며, 위사필궐은 포위된 적은 달아나는 길을 터서 가게 해주는 것을 말하며, 궁구물박은 막다른 궁지에 몰린 적은 압박하지 않는 것을 말합니다.

손자가 여덟 가지 병법의 주의사항에 대해 말하는 것은 하나같이 공격함으로써 오히려 내가 위태로워질 수 있기 때문입니다. 가령 궁지에 몰린 쥐가 고양이를 무는 격이기 때문입니다. 궁지에 몰린 적은 그야말로 죽느냐 사느냐하는 기로에 서서 이판사판이라는 심정에 사로잡혀 있어 자칫 내가 잘 못 될 수 있을 만큼 위태로울 수 있습니다. 이럴 땐 적이 그 자리를 벗어나게 한 다음 틈을 봐서 공격해야 하는 것이 효과적입니다.

셋째, 속임수로 변화무쌍하게 전략을 펼치는 것입니다. 손자는 '병이사립 이리동 이분합위변자야 고기질여풍 기서여림 침략여화 부동여산 난지여음 동여뇌정 兵以詐立 以利動 以分合爲變者也. 故其疾如風 其徐如林 侵掠如火 不動如山 難知如陰 動如雷霆'이라 했습니다. 이는 '전쟁은 속임수로 이뤄지니 이로워야 움직이고 흩어지고 모여서 변화한다. 그런 까닭에 바람처럼 빠르고, 숲처럼 고요하고, 불길처럼 들이치고, 산처럼 굳세게 버티고, 한밤처럼 알 수 없고, 천둥번개처럼 움직인다.'는 뜻입니다. 그러니까 전쟁이란 그야말로 변화무쌍 그 자체라는 것입니다. 언제 어떻게 적이 나올지 모르는 상황이다 보니, 항상 긴장하고 적의 공격형태에 따라 대응해야 합니다.

그래서 적의 공격에 대응하기 위해서는 때론 바람처럼 빠르게 움직여야 하고, 쥐 죽은 듯이 고요하게 이동하여 공격하고, 불길이 활활 치솟아 오르는 것처럼 장렬하게 싸워야 하며, 뚝심으로 버텨야 할 땐 버텨내야 하며, 언제 어디서 적이 나타날지 모르니 정신 바짝 차려 대비해야 하며, 동에서 번쩍 서에서 번쩍이듯이 재빠르고 강렬하게 공격해야 하는 것입니다. 그만큼 전쟁이란 예측할 수 없는 것이며, 긴박하게 돌아가는 초시계와 같이 급박하게 전개되기 때문입니다. 그래서 누가 더 빠르게 대응하느냐가 승패를 결정짓는 것이 전쟁의 속성인 것입니다.

넷째, 군대의 사기를 다스리는 방법입니다. 전쟁에서 이기기 위해서는 병사들의 사기가 충천해야 합니다. 사기가 충천하면 두려움을 떨쳐내고, 천리마처럼 기동성을 발휘하게 되고, 드센 물살처럼 기세가 하늘을 찔러 적을 두렵게 함으로써 전쟁에서 우위를 점하는 데 유리하게 작용합니다.

손자는 군대의 사기를 다스리는 방법에 대해 '조기예 주기타 모기귀 고선용병자 피기예기 격기타귀 차치기자야朝氣銳 晝氣惰 暮氣歸. 故善用兵者 避其銳氣 擊其惰歸 此治氣者也'라고 했습니다. 이는 '기세는 아침에는 드세고, 낮에는 연약해지며, 저녁에는 소멸된다. 그런 까닭에 전쟁을 잘하는 자는 늘 적군의 날카로운 예기를 피하고 약해지거나 소멸되었을 때에만 공격한다.'는 뜻입니다. 그러니까 전쟁에서 이기기 위해서는 병사들의 사기를 진작시켜, 언제든지 자신감으로 충만케 해야 합니다. 그래서 적군의 사기가 떨어지고 정신자세가 흐트러져 느슨해질 때 공격하면 이길 승산은 백 퍼센트라고 봐도 무방할 것입니다.

삶을 살아가다보면 예기치 못한 일로 고통을 겪을 때가 있습니다. 또한 타인으로 인해 어려움을 겪을 때도 있습니다. 뿐만 아니라 이런저런 여러 가지 이유로 고난을 겪기도 합니다. 이렇듯 삶 또한 전쟁처럼 늘 변수가 많습니다. 이럴 때 삶의 변수라는 적과 싸워 이겨야 합니다. 그렇지 않으면 어려움 속에서 흔들리는 삶을 살게 됩니다. 그런 까닭에 마인드를 강화시키고, 지혜롭게 극복할 수 있는 다양한 상식을 쌓도록 노력해야 합니다. 삶은 지혜로운 자를 두려워하고, 어리석은 자에게는 냉혹하기 때문입니다.

다양한 변화에 대응하기

*

유비는 조조가 차지한 한중漢中이 매우 중요한 지역이라 여겨 공략하기로 계획을 세웠습니다. 그 곳은 땅이 비옥하고 생산되는 물품이 풍부한 곳이었습니다. 또한 익주로 들어가는 관문으로 관중을 치기 유리하고, 익주를 방어하기에도 좋은 곳이었습니다. 게다가 조조가 관중을 차지하게 되면 익주가 위태로울 수 있기 때문이었습니다. 그런데 유비가 염려하던 일이 벌어지고 말았습니다. 한중 일부지역을 차지하고 있던 장노는 조조에게 상대가 되지 않는다고 여겨, 스스로 자신이 차지하고 있던 지역을 조조에게 바쳤습니다. 그리고 그의 동생 장위는 조조에게 맞서다가 패배하였습니다. 그러자 관중은 조조의 손에 들어갔던 것입니다.

이에 유비는 마음이 편치 않았습니다. 언제 조조가 쳐들어올지 모르기 때문이었습니다. 유비는 황권을 보내 조조의 군대를 공격하여 한중 일부지역을 점거하였습니다. 이때 조조의 군대는 한중에서 휴식을 하고 있던 중이었습니다. 조조의 책사 사마의가 조조에게 촉한의 익주를 치자고 건의하였지만, 조조는 혹시라도 패배할 것을 염려하여 그의 건의를 받아들이지 않았습니다. 조조는 하후연을 한중에 주둔하게 하고 자신은 군대를 거느리고 중원으로 돌아갔습니다.

조조가 돌아간 것을 알고 유비는 성도에 있는 제갈공명에게 긴급히 전령을 보내 지원병을 보내라고 명하였습니다. 이에 제갈공명은 촉군 태수 법정으로 하여금 유비를 지원하게 했습니다. 유비는 한중을 공격하였으나 양평관이라는 지역에서 1년이 지나도록 더는 앞으로 나가지 못했습니다. 이에 유비는 한중을 공략하기 위한 새로운 전략을 세우고, 단단히 준비하여 무장하였습니다. 유비는 양평관이라는 지역이 지세가 험한 관계로 우회하여 공격하기로 했습니다.

유비의 군대는 한수를 건너 남쪽 산악지대를 따라 정군산을 점거하였습니다. 이에 하후연은 한수 남쪽과 정군산 동쪽에 진지를 구축하고 요새를 탄탄히 정비하고 목책을 설치하여 만반의 준비를 하였습니다. 그러나 헛수고가 되고 말았습니다. 유비 군대가 밤에 공격하여 목책을 태워버렸습니다. 그러자 동위에 있던 하후연이 자신이 직접 기병을 이끌고 남위로 갔습니다. 유비는 이때를 놓치지 않고 동위를 공격하였습니다. 그리고 황충에게 정예병을 이끌고 동위와 남위 사이의 험준한 지역에 매복하게 했습니다. 하후연이 이를 알고 동위로 갔으나, 매복해 있던 황충의 공격을 받고 죽고 말았습니다. 하후연이 죽자 장합이 군대를 이끌고 양편관으로 가 그곳을 지켰습니다. 이 소식을 듣고 조조는 군대를 이끌고 양평관으로 왔습니다. 이때 유비의 군대는 사기가 하늘을 찌를 듯이 넘쳐났습니다.

"아무리 조조가 왔다 한들 별수가 없을 것이다. 한중은 우리 손에 반드시 들어 올 것이니, 힘껏 싸워라."

자신감으로 충만해 있던 유비는 장수들에게 말했습니다. 그러자 장수들은 크게 화답하며 전의를 불태웠습니다. 드디어 싸움이 시작되었습니다. 유비는 싸우기 좋은 지역을 선점하였던 터라 느긋하게 시간을 끌며 전투에 임했습니다. 그리고 조조의 후방을 기습해 군량미와 양초를 빼앗고 길을 막아버렸습니다. 그러자 조조 군대는 사기가 떨어지자 정신력이 해이해져 군영을 이탈하는 자들이 늘어났습니다. 유비와의 싸움에서 승산이 없음을 안 조조는 한중을 포기하고 돌아갔습니다.

한중을 손에 넣은 유비는 한중 동쪽의 방릉과 상용 등을 공략하여 드넓은 지역을 장악하였습니다. 이로써 유비는 촉한을 더욱 굳건히 갖출 수 있었습니다. 유비가 조조와의 싸움에서 이길 수 있었던 것은 초반의 열세를 만회하기 위해, 지세가 험한 양평관을 우회하여 정군산을 점거한 뒤 유리한 입장에서 싸움을 했기 때문입니다. 전쟁에서 자신을 유리하게 한 다음 싸울 때는 승리할 확률은 그만큼 높은 것입니다. 이미 반을 이기고 시작한 것이나 다름없기 때문입니다.

유비가 조조와의 싸움에서 이길 수 있었던 것은 《손자병법》의 '이우위직以迂爲直' 즉 '돌아감으로써 되려 직행하여 앞지르고', '이환위리以患爲利' 즉, '해로운 것을 되려 이로운 것을 만드'는 전략을 썼기 때문입니다. 또한 유비는 손자의 '조기예 주기타 모기귀 고선용병자 피기예기 격기타귀 차치기자야朝氣銳 晝氣惰 暮氣歸. 故善用兵者 避其銳氣 擊其惰歸 此治氣者也' 즉, '기세는 아침에는 드세고, 낮에는 연약해지며, 저녁에는 소멸된다. 그런 까닭에 전쟁을 잘하는 자는 늘 적군의 날카로운 예기를 피하고 약해지거나 소멸되었을 때에만 공격한다.'는 말처럼, 유비는 싸우기 좋은 지역을 선점하고 병사들의 사기가 오를 대로 오른 터라, 느긋하게 시간을 끌며 전투에 임했습니다. 그리고 조조의 후방을 기습해 군량미와 양초를 빼앗고 길을 끊어버려 조조의 군대를 위태롭게 했습니다. 이에 조조의 군대는 사기가 떨어져 전투력을 잃어 초조함에 사로잡혔고, 유비는 때를 놓치지 않고 공격해 이길 수 있었습니다.

그렇습니다. 유비는 유리한 입장에 있던 조조를 공략하기 위해 〈군쟁편〉에서 말하는 다양한 병법을 썼듯이, 삶에서 부딪치게 되는 갖가지 어려움이란 적을 이기기 위해서는 그에 맞게 대응하고 노력해야 합니다. 삶이나 전쟁이나 치열하게 싸울 때 그만큼 승산이 큰 까닭입니다.

적벽대전이 끝난 후 손권은 유비가 오나라와 연합하여 조조를 이길 수 있게 해준 공으로 형주를 유비에게 빌려주었습니다. 유비는 오랜 유랑 끝에 처음으로 땅을 갖게 되었습니다. 유비에게 패한 조조는 2년 동안 군비를 탄탄하게 강화한 후 서량을 정벌하여 마초를 격퇴시켰습니다. 이에 조조는 한중에 대해 야심을 드러냈습니다. 이 소식을 들은 한중의 장노는 중신들을 불러 논의하였습니다. 그러자 중신들은 한중이 조조의 군대를 상대하는 것은 불가하다고 하였습니다. 그리고 이어 말하기를 촉은 땅이 크고 인구도 많고 물질도 풍부하니 다른 나라가 그곳을 차지하면 한중이 더 위험해질 것이라고 했습니다. 이에 장노는 촉을 공략하기로 했습니다.

이 소식을 들은 촉의 유장은 어떻게 하면 좋겠느냐고 중신들에게 묻자, 용모가 보잘 것 없는 장송이 자신을 조조에게 보내면 한중이 공격하지 못하도록 하겠다고 말했습니다. 장송의 말을 듣고 유장은 즉시 그를 조조에게 보냈습니다. 그러나 조조는 그의 인물됨을 보고 만나주지 않았습니다. 오히려 매질을 해서 쫓아 보냈습니다. 장송은 소득 없이 돌아갈 수가 없어 유비가 덕이 있고 인품이 뛰어나다는 소문을 듣고 형주로 가서 사람됨을 시험해보자고 생각했습니다. 그는 곧바로 형주로 가서 유비를 만났습니다.

장송은 유비에게 환대를 받으며 그가 참으로 훌륭한 사람이라고 여겨 깊은 우정을 쌓았습니다. 그리고 나서 장송은 지금 한중이 촉을 치려고해 유장이 자신을 유비에게 보내 도움을 청하라고 하였다면서 말했습니다. 그러자 유비는 유장과 자신은 일족一族이니 어려움에 처한 유장을 돕는 것은 당연한 일이라고 말했습니다. 이에 장송은 크게 기뻐하였습니다.

다음날 장송은 의기양양하게 촉으로 돌아가 유장에게 유비의 뜻을 전했습니다. 그러자 유장은 크게 기뻐하였지만, 대신들은 유비가 겉으로는 인자한 척하나 속으로는 간사할 수 있으니 승냥이를 쫓기 위해 호랑이를 들이지 말라고 했습니다. 그러나 유장은 대신들을 꾸짖고는 유비를 맞을 준비를 했습니다. 촉 사람들은 유비를 열렬하게 맞아주었으며, 다들 크게 기뻐하며 즐거워 하였습니다.

유장은 유비를 환대하며 최고의 예로써 대했습니다. 유장은 유비에게 군량미와 마초와 많은 물자를 공급해주었습니다. 유장과 헤어진 유비는 대군을 이끌고 촉과 한중이 맞닿아 있는 곳으로 갔습니다. 유비는 유장과의 정을 생각해 고민에 빠졌지만, 대의를 위해 어쩔 수 없이 자신의 뜻을 펼치기로 하였습니다.

212년 12월 유비는 부성을 점령하고, 악성을 공격해 점령하고, 익주로 나가기 위해 준비를 하였습니다. 그제야 속은 줄을 알고 유장은 장송을 처형하고 대응하기 위해 군대를 정비하였습니다. 그러나 유비의 군대에 크게 미치지 못한 유장은 투항하였습니다. 유비는 그렇게도 원하던 익주를 얻었습니다. 유비는 익주를 손에 넣음으로써 촉한이 크게 도약할 수 있는 발판을 마련하였습니다.

　유비가 익주를 얻을 수 있었던 것은 상대를 속여 안심하게 하고, 허를 찔러 급습한 전략이었습니다. 이는 손자가 병법에서 말한 '병이사립 이리동 이분합위변자야 고기질여풍 기서여림 침략여화 부동여산 난지여음 동여뇌정兵以詐立 以利動 以分合爲變者也 故其疾如風 其徐如林 侵掠如火 不動如山 難知如陰 動如雷霆'으로 이는 '전쟁은 속임으로써 성공하고 이로움으로써 행동하며, 분산하기도 하고 합하기도 함으로써 변화를 주어야 한다. 그런 까닭에 군대는 빠를 때는 바람과 같아야 하고, 느릴 때는 숲과 같아야 하고, 공격할 때는 불과 같아야 하고, 움직이지 않을 때는 산과 같아야 하고, 숨을 때는 어둠과 같아야 하고, 움직일 때는 우레와 천둥 같아야 한다.'는 병법과 같습니다.

　그렇습니다. 유비는 손자의 관점에서 볼 때 유장을 철저하게 속여 믿게 한 다음 바람같이 빠르고, 불과 같이 뜨겁고, 우레와 천둥같이 익주를 차지했던 것입니다. 손자의 말대로 전쟁은 속이고 속이는 것으로써 예나 법도나 원칙이라는 것이 철저하게 배제된 그야말로 이기기 위한 모략으로 가득 찬 실체입니다. 그런 까닭에 적을 이기기 위해서는 갖가지 전략을 다 구사해야 하는 것입니다.

　삶 또한 이와 다르지 않습니다. 다만 삶에는 지킬 것이 있습니다. 그것은 예와 법도를 지키며 규범에 따르되, 지혜와 최선의 노력을 다함으로써 삶의 적을 공략하는 것입니다. 삶에는 변화가 많은 까닭에 다양한 변화에 대응하기 위한 준비를 철저하게 해야 하는 것입니다. 이것이 곧 삶의 적을 이기는 최선의 길이자 최선의 법칙인 것입니다.

돌아감으로써 상대를 이기다

*

미국의 대표적인 단편소설가인 레이먼드 카버는 지독한 가난에 시달리면서도 소설을 썼습니다. 그가 주로 단편소설을 썼던 것은 생활비를 벌기 위해서였습니다. 그리고 그가 할 수 있는 일이란 주로 도서관 아르바이트, 아버지가 일하는 제재소일이나 병원청소일 등 막일이었기 때문에 힘들게 생활비를 벌다 보니 늘 글 쓰는 시간이 부족할 수밖에 없었던 것입니다.

그랬던 그가 미국문학사에 길이 남을 작가가 될 수 있었던 데에는 역량 있는 편집자 고든 리시가 있었기 때문입니다. 고든 리시는 카버의 소설을 읽고 그가 뛰어난 자질을 지녔다는 것을 단박에 알아챈 것이지요. 고든 리시는 책상서랍에서 잠자고 있던 카버의 소설을 끄집어내게 하여 편집에 들어갔습니다. 그리고 마침내 카버의 첫 소설집《제발 조용히 좀 해요》를 출간하여 좋은 평가를 받으며 성공적인 결과를 낼 수 있었습니다.

그리고 이어 카버의 두 번째 소설집《사랑을 말할 때 우리가 이야기하는 것들》을 출간하였습니다. 책이 출간 되자 독자들의 반응은 가히 폭발적이었습니다. 카버의 이름은 널리 알려지며 미국문단에 확실하게 각인되었습니다. 가난과 알코올 중독으로 파산을 두 번이나 할 만큼 궁핍했던 그의 삶엔 따뜻한 인생의 빛이 감돌기 시작했습니다. 그의 인생이 완전히 뒤바뀐 것입니다.

고든 리시는 카버의 소설《사랑을 말할 때 우리가 이야기하는 것들》을 약 80퍼센트를 개작하기도 하고, 소설의 절반 분량을 잘라내는가 하면, 내용과 이야기 흐름을 바꾸는 등 거침없이 손을 봤습니다. 그가 그렇게 한 데에는 카버의 소설을 성공시킬 수 있다는 강한 확신에 의해서였습니다. 하지만 소설을 쓴 당사자인 카버는 심적 갈등을 일으키며 상당히 불쾌하게 생각했다고 합니다. 작가는 자신의 작품을 아무리 편집자라고 할지라도 손대는 것을 썩 내키지 않아 합니다. 자존심에 관한 문제이기도 하고, 자신의 작품의도가 훼손된다고 생각하기 때문입니다.

그런데 그럼에도 불구하고 고든 리시의 의견을 따르지 않을 수 없었던 것은 편집자로서의 탁월했던 그의 역량을 믿었기 때문입니다. 그리고 고든 리시의 예측대로 이 소설은 성공적인 결과를 낳자 카버 자신에게도 좋은 일이라 묵묵히 참았습니다. 카버는 자신이 이름의 널리 알려지자 작품을 쓰는 데 열중하였습니다. 더 좋은 작품을 쓰고 싶은 열망이 그를 더욱 열정적으로 소설을 쓰게 했습니다. 또 한편으로는 고든 리시의 손길로부터 벗어나고 싶은 생각 때문이기도 했습니다. 마치 그는 내일 죽을 듯이 작품에 매달렸습니다. 그는 점점 더 유명해졌고, 그런 만큼 그의 삶도 여유가 생겼습니다.

또한 미국문단에서 카버의 위치는 그 어떤 작가보다도 문단의 중심이 되었습니다. 이름값이 높아진 카버는 그의 대표작 《대성당》을 출간할 때는 원고 내용에 대해서는 전적으로 자신이 통제를 하였으며, 고든 리시는 표지와 외적인 것에만 관여하였습니다. 고든 리시가 카버의 의견을 존중해준 것은 카버의 소설이 그가 생각하는 만큼 수준에 올랐다고 보았기 때문입니다.

두 사람의 노력으로 《대성당》은 크게 성공을 거두며 카버의 존재를 미국문학사에 가장 확실하게 각인시켰습니다. 그로인해 카버의 이름 앞에는 미국 단편소설과 리얼리즘의 대가라 칭호가 붙으며 작가로서의 위대한 족적을 남겼습니다. 카버가 위대한 작가가 될 수 있었던 데에는 고든 리시라는 탁월한 편집자가 있었기에 가능했습니다. 만일 카버에게 고든 리시가 없었다면 당시 알콜 중독으로 실업수당을 타려다 고발당한 카버의 인생은 처참히 깨지고 말았을지도 모릅니다.

카버에게 있어 고든 리시는 그의 캄캄한 암흑 같은 인생에 밝은 등불과 같은 사람이었지요. 카버 또한 소설가로서의 불편한 감정을 꾹 참고 고든 리시의 의견을 받아들일 줄 아는 아량을 갖춘 사람이었습니다. 만일 둘 중 어느 하나가 자신의 의견을 굽히지 않았다면 카버의 존재는 없었을 지도 모릅니다. 고든 리시 또한 뛰어난 편집자로 명성을 날리지 않았을지도 모릅니다. 카버와 고든 리시는 작품에 대한 이견으로 문학적으로는 결별을 했지만, 그들은 서로에게 있어 빛과 소금과 같은 존재였습니다.

고든 리시처럼 누군가에게 빛과 소금과 같은 인생이 된다는 것은 자신에게도 상대에게도 위대한 축복과도 같은 일입니다. 이런 인생이야말로 최고의 가치를 지닌 인생이니까요. 무명의 카버가 소설가로서 성공할 수 있었던 것에 대해 《손자병법》의 관점에서 분석해보기로 하겠습니다.

먼저, 고든 리시가 자신의 작품을 손질할 때 묵묵히 참고 견뎠던 것은 '이우위직以迂爲直' 즉, '돌아갈 줄 아는 지혜'라고 할 수 있습니다. 왜 그럴까요? 카버가 불쾌하게 생각해 고든 리시의 의견을 따르지 않았다면, 둘 사이에는 나쁜 감정으로 인해 더 이상 작가와 편집자의 관계를 이어가지 못했을 것이기 때문입니다. 그러면 오늘의 카버는 없었을지도 모릅니다. 그런데 카버는 지혜롭게도 자신의 불편한 심기를 드러내지 않았습니다. 마치 가까운 직선거리를 두고 먼 길을 돌아간 것과 같은 형상이었습니다. 그랬기에 카버는 성공할 수 있었습니다.

둘째, 카버가 그의 대표작 《대성당》을 비롯한 작품을 쓸 때 열정을 다해 썼습니다. 더 좋은 작품을 쓰고 싶은 열망은 마치 손자가 말한 '병이사립 이리동 이분합위변자야 기질여풍 기서여림 침략여화 부동여산 난지여음 동여뇌정兵以詐立 以利動 以分合爲變者也. 故其疾如風 其徐如林 侵掠如火 不動如山 難知如陰 動如雷霆'과 같습니다. 이는 '전쟁은 속임수로 이뤄지니 이로워야 움직이고 흩어지고 모여서 변화한다. 그런 까닭에 바람처럼 빠르고, 숲처럼 고요하고, 불길처럼 들이치고, 산처럼 굳세게 버티고, 한밤처럼 알 수 없고, 천둥번개처럼 움직인다.'는 뜻으로, 카버의 소설 쓰기 열정은 바람처럼 빠르고, 숲처럼 고요하고, 불길처럼 들이치고, 산처럼 굳세게 버티고, 한밤처럼 알 수 없고, 천둥번개처럼 움직이는 것과 같다고 할 수 있습니다.

소설을 쓰다보면 잘 써질 땐 흐름을 놓치지 않기 위해 바람처럼 빠르고, 천둥번개처럼 자신의 감정에 젖어들기도 합니다. 또 잘 안 써질 땐 숲처럼 고요하게 생각을 가다듬기도 하고, 산처럼 버티는 것처럼 밤을 지새우며 씁니다. 소설 쓰기도 역시 전쟁과 다를 바가 없다는 걸 알게 됩니다.

셋째, 카버가 《대성당》을 쓰고 책을 낼 때 고든 리시에게 《사랑을 말할 때 우리가 이야기하는 것들》처럼 작품에 손을 대지 말라고 말합니다. 《사랑을 말할 때 우리가 이야기하는 것들》이 성공을 해서 카버가 유명해졌지만, 고든 리시가 작품의 약 80퍼센트를 고치고, 원작의 반을 줄여서 냈기 때문에 작가로서의 자존심을 지키고, 자신이 쓴 대로 책을 내고 싶다는 의지에서입니다. 지금의 카버는 예전의 무명작가가 아닌 유명작가로서의 위치를 감안해 고든 리시는 카버의 의견을 받아들여 약간의 손만 보고 원작대로 책을 냈습니다. 그리고 성공을 거뒀습니다.

이를 손자의 관점에서 본다면 '조기예 주기타 모기귀 고선용병자 피기예기 격기타귀 차치기자야朝氣銳 晝氣惰 暮氣歸. 故善用兵者 避其銳氣 擊其惰歸 此治氣者也' 즉, '기세는 아침에는 드세고, 낮에는 연약해지며, 저녁에는 소멸된다. 그런 까닭에 전쟁을 잘하는 자는 늘 적군의 날카로운 예기를 피하고 약해지거나 소멸되었을 때에만 공격한다.'와 같다고 하겠습니다.

카버가 무명일 때는 작가로서 잘되고 싶다는 소망 때문에 고든 리시의 심기를 건드리지 않기 위해 그가 하는 대로 따랐지만, 그가 유명해지자 그의 작가적 위치는 무명일 때와는 현격히 다르기 때문에 목소리를 높여 자신의 뜻을 관철시켰던 것입니다. 현재의 카버는 기세가 드세고 전쟁을 잘하는 자와 같아 고든 리시를 압도 할 수 있었던 것입니다.

레이먼드 카버와 고든 리시의 경우와 같이 삶을 살아가다보면 누군가의 도움을 받아 잘될 때가 있습니다. 이럴 때 도움을 주는 누군가의 심기를 건드리지 말아야 합니다. 그러면 잘될 수 있는 기회를 놓치게 될지도 모릅니다. 그리고 긍정적인 기회가 왔을 땐 바람처럼 빠르고, 천둥번개처럼 신속하게 열정의 노력을 다 받쳐야 합니다. 그러고 나서 자신이 잘 되었을 때, 자신이 하고 싶은 의지대로 해도 무방합니다.

삶을 살다보면 삶 곳곳에는 자신의 의지를 방해하는 적들이 숨어있습니다. 삶의 적을 이기기 위해서는 어떻게 해야 할까요?

먼저, 자신의 의지대로 살기 위해서는 많은 노력이 따라야 합니다. 삶의 적들이 자신이 하는 것을 방해하기 위해 눈을 부릅뜨고 지켜보고 있기 때문입니다. 그런 까닭에 삶의 적을 이겨내도록 기세 있고 묵묵하게 최선을 다해야합니다.

둘째, 자신이 원하는 삶을 살 수 있는 기회가 왔을 때는 한 치의 흔들림도 없이 해낼 수 있어야 합니다. 지금 안 하면 두 번 다시는 기회가 오지 않는 것처럼 의지를 불살라야 합니다. 굳은 의지는 꿈을 이루는 원동력이니까요.

셋째, 자신이 원하는 것을 얻기 위해서는 참을 줄도 알아야 하고, 때에 따라서는 자신을 굽힐 줄도 알아야 합니다. 그래야 승리의 기회가 주어지는 까닭입니다. 삶은 누구에게나 공평하게 기회를 줍니다. 그런데 어떤 사람들은 불공평하다고 말합니다. 가만히 생각해보세요. 자신에게 문제가 없는지를. 자신의 뜻을 이룬 사람들은 삶의 불공평하다고 절대 말하지 않습니다.

그렇습니다. 삶을 살아가다 힘든 일이 있으면 불평하지 말고 손자의 말처럼 '돌아가는 지혜'로 힘든 일을 이겨내기 바랍니다. 이보 전진을 위해 일보는 후퇴하거나 돌아가도록 하세요. 그리고 50대인 지금 자신이 하고 있는 일에 열정을 다하고, 또 새롭게 무언가를 계획하고 있다면 그 일이 잘되도록 치밀하고 준비하고 매진할 수 있도록 최선의 노력을 기울여야 합니다. 그러면 유비가 조조와 싸워 한중을 얻고, 유장의 촉지방 익주를 얻었듯이 또 레이먼드 카버가 미국 최고의 작가가 되었듯이 자신이 원하는 것을 얻게 될 것입니다.

제8부

구변편 | 九變篇

지혜로운 자가 반드시 취해야 할 자세

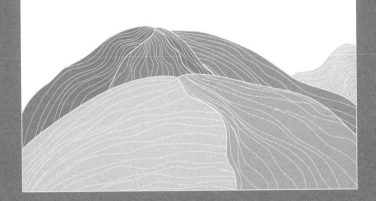

01

지혜로운 자가 반드시 취해야 할 자세

그런 까닭에 지혜로운 자는 반드시 이해관계를 함께 고려해야 한다.
필히 이해관계를 함께 고려하면 더욱 믿을 수 있게 힘쓸 수 있으며,
해로움과 함께 고려하면 실로 근심을 풀 수 있다.

*

是故智者之慮 必雜於利害 雜於利 而務可信也 雜於害 而患可解也
시고지자지려 필잡어리해 잡어리 이무가신야 잡어해 이환가해야

지혜로운 자가 취해야할 자세

*

전쟁을 잘하는 유능한 장수는 지혜롭고 현명합니다. 그의 눈은 독수리의 눈처럼 빛나고, 그의 기개는 사자처럼 용맹스럽고, 머리는 컴퓨터처럼 작동합니다. 부하 장졸들을 어질게 대하고, 잘못했을 때에는 준엄하게 벌함으로써 두 번 다시는 같은 잘못을 하지 않게 합니다. 그리고 자신에게 엄정하고 매사에 철저하게 자신을 관리합니다. 이처럼 지혜로운 장수는 매사를 지혜롭게 생각하고 판단하며 실행합니다.

손자는《손자병법》〈구변편〉에서 전쟁에서 이기기 위해 취해야 할 것과 실행해야 할 것, 그리고 조심해야 할 것에 대해 구체적으로 말합니다.

첫째, 지혜롭게 처신해야 함에 대해 말합니다. 지혜로운 장수는 몸과 마음을 바르게 하여 한 치의 흐트러짐 없이 처신합니다. 자칫 잘못 행동하거나 판단함으로써 적에게 패할 수 있기 때문입니다. 전쟁이란 언제 어느 때 어떤 상황으로 전개될지 모르기 때문에 전쟁을 하는 동안에는 한눈조차 팔 수 없을 만큼 틈이 있어서는 안 됩니다. 그리고 적을 능가하기 위해서는 적보다 뛰어난 전략을 세워야 합니다.

손자는 지혜롭게 처신함에 대해 '시고지자지려 필잡어리해 잡어리 이무가신야 잡어해 이환가해야是故智者之慮 必雜於利害 雜於利 而務可信也 雜於害 而患可解也'라고 말합니다. 이는 '그런 까닭에 지혜로운 자는 반드시 이해관계를 함께 고려해야 한다. 필히 이해관계를 함께 고려하면 더욱 믿을 수 있게 힘쓸 수 있으며, 해로움과 함께 고려하면 실로 근심을 풀 수 있다.'는 뜻입니다. 그러니까 지혜로운 자는 어떤 상황에서든지 이해관계를 철저히 하여 좋은 방향으로 이끌어야 합니다. 그래야 적으로부터 해로움 즉 공격을 당하여 참패하지 않고 이로움 즉 승리를 얻을 수 있는 기회를 마련하게 되기 때문입니다.

둘째, 전쟁에서 지켜야 할 원칙에 대해 말합니다. 전쟁도 룰을 지켜야 합니다. 무작정 의욕만으로는 적을 이길 수 없기 때문입니다. 손자는 전쟁에서 지켜야 할 원칙에 대해 '도유소불유 군유소불격 성유소불공 지유소부쟁 군명유소불수途有所不由 軍有所不擊 城有所不攻 地

有所不爭 君命有所不受'라고 했습니다. 이는 '길 중에는 경유해서는 안 되는 길이 있고, 적군 중에는 무너뜨려서는 안 되는 적군이 있고, 성 중에는 공격해서는 안 되는 성이 있고, 지형 중에는 다투어서는 안 되는 지형이 있고, 군주의 명령 중에는 받아들여서는 안 되는 명령이 있다.'는 뜻입니다. 그러니까 경유해서 안 되는 길을 가다보면 적의 공격으로부터 위태로울 수 있습니다. 가령, 질러가기 위해 습지 지역으로 간다거나, 시간을 앞당기기 위해 험한 길로 가다가는 자칫 위험한 상황에 처할 수 있습니다. 적군 중에 무너뜨려서는 안 되는 적은 강한 적으로 일단 피한 다음 기회를 봐서 공격해야 합니다. 성 중에는 공격해서는 안 되는 성이 있는데 요새와 같은 성입니다. 이런 성을 공격하다 보면 전력만 손실되는 경우가 많습니다. 지형 중에 다투어서 안 되는 지형은 늪이나 적이 높은 위치에서 있을 땐 그만큼 힘을 많이 쏟아야 합니다. 군주의 명령을 받아들여서 안 되는 것은 적으로부터 패할 수 있는 무리한 명령입니다. 이런 전쟁의 원칙을 지켜야만 적을 성공적으로 공략할 수 있습니다.

셋째, 장수가 경계해야 할 다섯 가지입니다. 전쟁의 승패를 주도하는 것 가운데 하나가 장수의 능력입니다. 그런데 장수가 경계해야 할 것이 있습니다. 손자는 이에 대해 '고장유오위 필사가살야 필생가로야 분속가모야 염결가욕야 애민가번야故將有五危 必死可殺也 必生可虜也 忿速可侮也 廉潔可辱也 愛民可煩也'라고 했습니다. 이는 '그런 까닭에 장수에게는 다섯 가지의 위태로움이 있으니 반드시 죽을 각오로 싸우면 자칫 무모함으로 인해 죽을 수 있고, 반드시 살기를 각오하면 사로잡히게 되며, 분을 이기지 못해 급하게 행동하면 모욕을 당할 수 있고, 성품이 지나치게 깨끗하면 치욕을 당할 수 있으며, 백성들을 너무나도 사랑하면 번민을 하게 된다. 이 다섯 가지는 장수의 허물이며 용병의 재앙이다.'는 뜻입니다. 그러니까 이 다섯 가지를 장수는 지켜야 하는 바, 이에 대한 적정선을 넘게 되면 적에게 패할 수밖에 없는 것입니다. 과유불급過猶不及이라 했습니다. 아무리 좋은 것도 넘치면 아니 한만 못하는 법입니다. 이런 평범한 진리를 경계해야 하는 것이 장수의 본분인 것입니다.

넷째, 적의 공격 여부와 관계 없이 나를 강화하는 것입니다. 적이 공격할 것만 생각하지 말고, 공격을 안 해오더라도 항상 자신을 단단하게 해야 합니다. 손자는 이에 대해 '고용병지법 무시기불래 시오유이대야 무시기불공 시오유소불가공야故用兵之法 無恃其不來 恃吾有以待也 無恃其不攻 恃吾有所不可攻也'라고 했습니다. 이는 '그런 까닭에 용병의 원칙은 적이 공격해오지 않을 거라는 것을 믿지 않고, 맞서 싸울 방책을 믿는다. 적이 공격하지 않으리라는 것을 믿지 않으며, 적이 나를 공격하지 못하게 하는 것을 믿는 것이다.'라는 뜻입니다. 그러니까 적이 공격을 하든 안 하든 언제든지 자신을 강하게 해놓으라는 것입니다. 내가 강하면 적이 공격해오더라도 충분히 방어할 수 있고, 그럼으로써 이길 수 있기 때문입니다.

손자의 말에서 보듯 지혜로운 장수는 이기기 위해 지혜롭게 처신해야 합니다. 지켜야 할 원칙은 반드시 지키고, 해야 할 것과 하지 말아야 할 것을 엄밀히 가려 행해야 합니다. 그리고 장수로서 경계해야 할 다섯 가지를 엄격히 지켜야 합니다. 그래야 무모하게 행동하지 않음으로써 위험에 빠지지 않고 견고하게 자신을 지키고 군대를 지킬 수 있습니다. 그리고 적이 공격을 해오든 해오지 않든 항상 전력을 강화시키기 위해 노력해야 합니다. 그러면 언제나 적이 공격할지라도 능히 싸워 이길 수 있습니다.

삶 또한 마찬가지입니다. 삶을 잘 살아가기 위해서는 지혜로워야 합니다. 지혜로우면 어떤 난제를 만나도 슬기롭게 극복하고 자신이 원하는 길을 갈 수 있습니다. 하지만 지혜롭지 못하면 천길 벼랑 끝에 서 있는 것처럼 막막하고 위태롭습니다. 그리고 자신이 지켜야 할 원칙은 반드시 지키고, 해야 할 일과 하지 말아야 할 일을 엄격히 구분해서 잘 못 되는 일이 없도록 해야 합니다. 또 삶의 적을 만나더라도 싸워 이길 수 있도록 언제나 배우고 익혀 자신을 강화해야 합니다. 이처럼 전쟁이나 삶이나 적과 싸워 이기는 이치는 같습니다. 그런 까닭에 부지런히 힘써 준비하여 이기는 삶을 살도록 해야 하겠습니다.

적을 이기는 참 좋은 전략

*

공자의 20대 후손인 공융이 북해성에서 적에게 포위되어 위급한 상황에 놓였습니다. 적들이 철통 같이 봉쇄하였던 터라 평원성에 있는 유비에게 구원을 요청하려고 해도 성을 빠져나갈 방법이 없었습니다. 이때 공용의 예하에 있던 태사자가 궁리한 끝에 묘책을 냈는데, 활과 과녁을 가진 병사 세 사람을 데리고 성문을 열고 밖으로 나갔습니다. 그러자 성 밖의 적군들이 그의 거동을 지켜보았습니다. 태사자는 성 가까이에 있는 참호로 들어가 언덕에 과녁을 세우고 활쏘기 연습을 했습니다. 태사자는 연습이 끝나자 다시 아무 일 없었던 것처럼 성 안으로 들어갔습니다.

다음날도 태사자는 어제와 같이 활쏘기 연습을 하고는 성 안으로 돌아왔습니다. 그리고 3일째 되는 날 성을 에워싸고 경계를 하던 적의 병사들은 경계심을 풀고 바라보기만 했습니다. 다음날도 또 그 다음날도 똑 같은 일이 반복되자 이제는 무관심하게 생각했습니다. 다음날 태사자는 탈출준비를 갖춘 후 말을 타고 쏜살 같이 적의 포위망을 뚫고 달려 나갔습니다. 그제야 속은 줄 알고 적이 추격하기 시작했습니다.

"잡아라! 저 자를 잡아라!"

지휘관이 소리치며 뒤따라갔습니다. 하지만 그를 잡을 수가 없었습니다. 태사자는 포위망을 완전히 벗어나고 말았습니다. 평원성에 도착한 태사자는 유비에게 북해성의 상황을 이야기하고 구원을 요청했습니다. 그러자 유비는 군사 3,000명을 내어주었습니다. 태사자는 구원병을 데리고 북해성으로 향했습니다. 그러자 구원병이 온다는 소식에 적군들은 달아나기 시작했습니다.

공용은 태사자의 묘책으로 인해 위기에서 벗어날 수 있었습니다.

태사자가 행한 지혜로운 묘책은 손자가 말하는 '시고지자지려 필잡어리해 잡어리 이무가신야 잡어해 이환가해야是故智者之慮 必雜於利害 雜於利 而務可信也 雜於害 而患可解也'라고 할 수 있습니다. 즉 '그런 까닭에 지혜로운 자는 반드시 이해관계를 함께 고려해야 한다. 필히 이해관계를 함께 고려하면 더욱 믿을 수 있게 힘쓸 수 있으며, 해로움과 함께 고려하면 실로 근심을 풀 수 있다.'는 손자의 말처럼 지혜롭게 행동함으로써 어려움을 이겨내고 근심을 풀 수 있었습니다.

당나라의 가서한은 토번의 침입을 여러 차례 막아냄으로써 당나라 현종玄宗의 두터운 신임을 얻었습니다. 그러던 어느 날 안녹산의 난이 일어나자 현종은 나이 들어 병든 가서한으로 하여금 안녹산의 부하 최건우의 군대를 치게 했습니다. 가서한은 오랫동안 전쟁을 준비해온 안녹산의 기세가 걷잡을 수 없이 커진 시점에서 공격하는 것은 무리가 따르리라 생각했습니다. 그래서 반란군 내부 충돌로 혼란스러울 때나 상하가 결속력이 흐트러졌을 때를 기다렸다 공격하는 것이 좋을 것 같다고 현종에게 건의했습니다. 하지만 현종은 이기려는 욕심과 두려움 때문에 가서한에게 곧바로 출정하도록 수차례 명령했습니다.

가서한은 아직 때가 이르지 않았다는 것을 알면서도 당 현종의 명령을 어길 수 없어, 결국 최건우의 군대를 공격해 접전을 벌였습니다. 결국 20만 대군을 거느리고도 제대로 싸우지 못하고 가서한의 군대는 패하고 말았습니다. 현종의 명령이 성급하고 잘못되었음을 알면서도 끝까지 거절하지 못한 가서한의 잘못으로 인해 결국 가서한은 안녹산의 포로가 되고 말았습니다.

군주의 명령을 따르지 않는다는 것은 불복종 죄로 다스려져 무거운 형벌을 받을 수 있습니다. 그런 까닭에 군주의 명령을 따르지 않을 수 없는 게 신하된 도리입니다. 하지만 목숨을 걸고서라도 군주를 설득시켜야 하는 게 신하된 도리이기도 합니다. 말하자면 구국을 위하는 심정으로 해야 한다는 말이지요. 이를 손자가 말한 관점으로 본다면 '군주명령불가야君命有所不受' 즉 '군주의 명령 중에는 받아들여서는 안 되는 명령이 있다.'는 것과 같다고 하겠습니다.

삶의 적을 이기고 행복해지기

*

미국 미네소타 주에 어떤 소년이 있었습니다. 소년은 공부에는 관심을 보이질 않았습니다. 그 결과 학업성적은 늘 바닥을 쳤습니다. 친구들도 그를 바보처럼 여겼습니다. 소년의 자신감은 최악이었고, 어느 누구와도 대화 없이 지냈습니다. 친구에게 말을 걸고 싶었지만 친구들이 무시할까봐 너무 두려웠기 때문입니다.

'나는 왜 이렇게 의지가 약할까. 무엇하나 내 맘대로 하는 게 없어. 난 어떻게 해야 할까. 내가 생각해도 앞이 보이질 않는구나.'

소년은 늘 이렇게 생각하며 자신을 못난이라고 스스로 질책하곤 했습니다. 그러나 그의 마음 한 구석엔 희미하나마 작은 희망의 빛이 자라고 있었습니다. 그는 그림 그리기를 참 좋아했습니다. 그는 늘 그림을 그렸고, 화가가 되는 꿈을 품고 있었습니다.

'그래, 그림을 그려보자. 죽을 만큼 열심히 그린다면 내게도 희망이 찾아올지도 몰라.'

이렇게 생각하는 소년의 입가에 미소가 살포시 번져났습니다. 그날 이후 소년은 그림 그리기에 열중했습니다. 그림을 그릴 때만큼은 자신이 이 세상에서 가장 행복했습니다. 그렇게 시간은 흘러갔고, 소년은 어느 덧 고등학교를 졸업하게 되었습니다. 소년은 졸업을 앞두고 졸업 앨범을 만드는 사람들에게 만화 몇 컷을 그려서 보냈습니다. 하지만 그의 만화는 채택되지 못하고 되돌아왔습니다. 고등학교를 마친 소년은 월트디즈니 사무실에 편지를 써서 보냈습니다. 자신이 그림을 그려서 보내고 싶은데 그래도 괜찮겠냐고 물었던 것입니다. 그러자 월트디즈니 관계자는 그림 콘셉트를 정해 보냈습니다.

'그래, 한번 해보는 거야. 누가 알아 내 그림이 채택될지.'

그림 콘셉트를 본 소년은 이렇게 생각하며 열심히 그림을 그려 보냈습니다. 그러나 안타깝게도 그의 그림은 채택되지 않았습니다. 하지만 그는 실망하지 않았습니다.

"나는 할 수 있다. 나는 분명 해낼 수 있다. 나는 절대로 나를 포기하지 않을 것이다. 나는 나를 믿는다."

소년은 날마다 이처럼 자신을 격려하며 그림을 그렸습니다. 그러자 가슴 저 깊은 곳에서 알 수 없는 강한 에너지가 꿈틀대며 솟구쳐 오르는 걸 느낄 수 있었습니다. 그러던 어느 날, 소년은 자신의 이야기를 만화로 그리기 시작했습니다. 모든 게 부족했던 자신의 어린 시절을 테마로 한 만화였습니다. 한 컷 한 컷 정성을 들여 그림을 그리는 그의 얼굴엔 희망의 의지로 가득 넘쳐 났습니다.

오래도록 그림을 그리다보니 손목도 아프고 허리도 아팠지만, 그에게는 전혀 문제가 되지 않았습니다. 드디어 만화가 완성되었습니다. 만화 주인공은 찰리 브라운입니다. 그가 그린 만화가 사람들에게 선을 보이게 되었습니다. 소년의 가슴은 두근두근 거렸습니다. 사람들이 어떻게 봐줄까, 하는 게 가장 큰 관건이었기 때문입니다.

그런데 놀라운 일이 벌어졌습니다. 그의 만화가 사람들의 마음을 사로잡았던 것입니다. 그는 스누피, 라이너스 등의 캐릭터를 등장시켜 만화로 재탄생했습니다. 그 결과 그는 일약 유명한 만화가가 되었습니다. 그의 이름은 바로 찰스 슐츠입니다. 그가 유명한 만화가가 될 것이라고는 아무도 생각하지 못했습니다. 그 역시 마찬가지였습니다. 그런데 스스로도 믿기지 않는 성공한 인물이 되었던 것입니다.

"나는 할 수 있다. 나는 분명 해낼 수 있다. 나는 절대로 나를 포기하지 않을 것이다. 나는 나를 믿는다."

이 말은 날마다 찰스 슐츠가 자신을 격려한 말입니다. 그는 스스로에게 이 말을 할 때마다 놀라운 경험을 하였습니다. 스스로 이렇게 말하고 나면 자신감이 생김은 물론 알 수 없는 힘이 자신을 도와주고 있다는 걸 느꼈던 것입니다. 슐츠는 누구의 가르침이나 도움을 받은 적이 없습니다. 그는 처음부터 끝까지 자신 스스로 해냈습니다. 그가 그렇게 성공할 수 있었던 것은 스스로에 대한 믿음과 자신감, 그리고 스스로를 향한 격려의 힘이었다.

찰스 슐츠가 성공할 수 있었던 것을 손자의 관점에서 본다면 '고용병지법 무시기불래 시오유이대야 무시기불공 시오유소불가공야 故用兵之法 無侍基不來 侍吾有以待也 無侍基不攻 侍吾有所不可功也'라고 할 수 있습니다. 즉, '그런 까닭에 용병의 원칙은 적이 공격해오지 않을 거라는 것을 믿지 않고, 맞서 싸울 방책을 믿는다. 적이 공격하지 않으리라는 것을 믿지 않으며, 적이 나를 공격하지 못하게 하는 것을 믿는 것이다.'라는 말입니다. 이 말처럼 찰스 슐츠는 '나약함이란 적'과 '소심함'이라는 적을 스스로 극복함으로써 자신을 강화했던 것입니다. 그 결과 할 수 있다는 자신감과 긍정적인 마인드로 자신을 성공적인 인생이 되게 했습니다.

찰스 슐츠는 자신의 삶이라는 적을 이겨내고 스스로를 행복한 인생이 되게 했습니다. 자신의 삶을 방해하는 적들은 외부에도 있지만, 자신의 내부에도 있습니다. 삶의 적을 이기고 행복해지기 위해서는 첫째, 자신의 약점을 극복하는 것입니다. 소심함이든, 부정적인 마인드이든, 열등감이든, 트라우마이든, 그 무엇이든 약점이란 적을 반드시 이겨내야 합니다.

둘째, 남의 떡은 항상 커 보이고, 더 맛있어 보입니다. 남을 떡을 바라보되 그것에 매몰되지 말아야 합니다. 내 떡을 더 크고, 맛있게 하기 위해 노력해야 합니다.

셋째, 술이나 신변잡기 등으로 어려움을 해결하려고 하지 말아야 합니다. 그것은 건강만 해칠 뿐 도움이 되지 않습니다. 책에서 지혜를 구하고, 인생의 선배나 스승으로부터 지혜를 구하십시오.

넷째, 행복의 가치관을 높게 잡지 마십시오. 그러면 행복을 쉽게 느끼지 못합니다. 자신이 감당할 수 있는 일에서 행복을 찾기 바랍니다. 그것이 오래가는 행복의 지혜입니다.

이를 손자의 관점에서 본다면 '시고지자지려 필잡어리해 잡어리 이무가신야 잡어해 이환가해야是故智者之慮 必雜於利害 雜於利 而務可信也 雜於害 而患可解也'라고 할 수 있습니다. 즉, '그런 까닭에 지혜로운 자는 반드시 이해관계를 함께 고려해야 한다. 필히 이해관계를 함께 고려하면 더욱 믿을 수 있게 힘쓸 수 있으며, 해로움과 함께 고려하면 실로 근심을 풀 수 있다.'는 말로 찰스 슐츠는 '상실감'이란 적을 지혜롭게 역이용함으로써, 실타래처럼 엉켜 있던 상실감을 쾌도난마快刀亂麻로 극복했던 것입니다.

제9부

행군편 | 行軍篇

덕을 갖추고 상황에 따라 대처하기

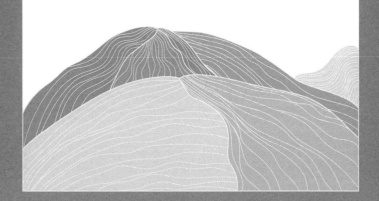

01

덕을 갖추고 상황에 따라 대처하기

그런 까닭에 문으로 명령하고, 무의 위엄으로
통제하면 이것이 바로 승리를 취하는 방법이다.

*

故令之以文 齊之以武 是謂必取
고영지이문 제지이무 시위필취

덕과 위엄을 갖추고, 상황에 맞는 전투력을 쌓기

*

장수의 특징을 덕장德將, 지장智將, 용장勇壯으로 구분할 수 있습니다.
덕장은 덕으로써 병사들을 비롯해 매사를 덕으로 행하고, 지장은 지
혜롭게 군사軍事의 업무를 관장하며, 용장은 전투에서 용맹스럽게 지
휘를 하며 전투를 관장합니다. 이 세 장수 다 유능한 장수라고 할 수
있지만. 이 중 덕을 갖춘 장수가 병사를 무난하게 대하고 매사를 잘
처리하는 데 적합하다고 할 수 있습니다. 덕장은 어질고 도량이 넓
어 매사를 슬기롭게 처리하는 까닭입니다.

그러나 그렇다고 해서 군율을 갖춰야 하는 군대에서 덕으로만 대

할 수는 없습니다. 덕으로 대하되 위엄을 잃어서는 안 됩니다. 장수의 위엄은 많은 병사들을 질서 있게 통제할 수 있고, 자칫 흐트러질 수 있는 병사들의 마음과 몸가짐을 바로 잡는 데 큰 힘을 발휘할 수 있기 때문입니다. 그런 까닭에 유능한 장수는 덕과 위엄으로 군의 기강을 잡고, 질서 있게 통솔하며 위로는 왕으로부터 신임을 받고, 아래로는 병사들에게 이르기까지 존경을 받습니다.

　좋은 것이 좋은 것이라고 해서 덕으로만 대할 수 없고, 그렇다고 해서 위엄으로만 대할 수는 없습니다. 그래서 유능한 장수는 병사가 잘못을 해도 무턱하고 징벌하지 않습니다. 그러면 병사들이 진정으로 자신을 대하지 않는다는 것을 잘 아는 까닭입니다. 그래서 먼저 병사들과 친해지기 위해 노력합니다. 그래서 친해지고 나면 병사들은 진정으로 장수를 대하기 때문에 그때 잘못을 하면 징벌합니다. 그래도 병사들은 원망하지 않고 장수를 진심으로 따르고 자신의 책무를 다합니다.

　손자는 《손자병법》 〈행군편〉에서 '졸미친부이벌지 즉불복 불복즉 난용야 졸이친부이벌불행 즉불가용야卒未親附而罰之 則不服, 不服則難用 也卒已親附而罰不行 則不可用也'라고 했습니다. 이는 '병사들과 친해지기 전에 그들을 징벌하면 마음으로부터 복종하지 않는다. 복종하지 않으면 통솔하기가 어렵다. 그리고 병사들과 이미 친해졌는데도 징벌하지 않으면 통솔할 수 없게 된다.'는 뜻입니다. 그러니까 병사들이 진정으로 마음으로 따를 수 있게 하기 위해서는 병사들과 마음으로부터 통할 수 있도록 해야 합니다. 그러면 병사들은 이런 장수라면 무엇이든 함께할 수 있다는 마음을 갖게 됩니다. 그리고 아무리 병사들과 친해졌다 해도 잘못을 하면 그에 따른 징벌을 해야 상하 간에 있어 위계가 서고 통솔하기가 용이합니다. 그런 까닭에 장수와 병사 들 간에는 일정한 거리를 유지하는 것이 좋습니다. 불가근불가원不可近不可遠이라 했습니다. 너무 가까이도 말고 너무 멀리도 않는 것, 이는 삶을 살아가면서 지켜야 할 처세인 것입니다.

다음은 지리적 환경 즉 상황에 따라 전투력을 쌓는 네 가지 방법입니다.

먼저 지형을 이용한 전투입니다. 손자는 이에 대해 '범처군상적 절산의곡 시생처고 전륭무등 차처산지군야凡處軍相 絶山依谷 視生處高 戰隆無登 此處山之軍也'라 했습니다. 이는 '군대는 적의 정세를 잘 살펴서 대처해야 한다. 험한 산을 지날 경우에는 계곡을 의지해야 하며, 시야를 확보하기 위해서는 높은 고지를 점거해야 한다. 적이 높은 곳에 있을 때에는 올라가며 싸우지 말아야 한다.'는 뜻입니다. 전투에서 적의 정세를 잘 살피는 것은 매우 중요합니다. 정세에 따라 전략을 세우는 데 용이하기 때문입니다. 싸우기 위해 험준한 산을 지날 때에는 계곡을 이용해 적의 공격에서 벗어나도록 해야 합니다. 그리고 적을 동태를 살피기 위해서는 시야확보가 필요한데 높은 곳일수록 좋습니다. 나아가 적이 높은 곳에 있을 때는 올라가며 싸워서는 불리합니다. 이처럼 지형에 따라 그에 맞게 전투력을 행해야 합니다.

둘째, 물에서 하는 전투의 원칙입니다. 손자는 이에 대해 '절수필

원수 객절수이래 물영지어수내 영반제이 격지리욕전자 무부수이영객 시생처고 무영수류 차처수상지군야絶水必遠水 客絶水而來 勿迎之於水內 令半濟而 擊之利欲戰者 無附水而迎客 視生處高 無迎水流 此處水上之軍也'라고 했습니다. 이는 '물을 건너면 반드시 물에서 멀리 떨어져야 한다. 적이 물을 건너오면 물 속에 있을 때 싸우지 말고 반쯤 건너온 뒤에 공격하는 편이 유리하다. 싸우고자 할 때는 물가에 붙어 싸우지 말고, 시야를 확보하기 위해서는 높은 곳에 있어야 하며, 하류에서 상류의 적을 공격해서는 안 된다. 이것이 물에서 하는 전투의 원칙이다.'라는 뜻입니다. 물에서 또는 물을 끼고 하는 전투는 물에서 떨어져서 하는 것이 좋습니다. 전투를 할 때 물은 장애물이 될 수 있기 때문입니다. 그래서 적이 물을 건너 올 때 물 속에 있는 적과 싸우지 말고 반쯤 건너 올 때 공격해야 합니다. 강이나 내의 중간 지점은 물이 많아 적이 싸우기가 불리해 공격하기가 수월하기 때문입니다. 또한 전투하기가 불편한 물가에서 싸우지 말고, 시야확보를 위해 높은 곳을 차지하는 것이 유리하며, 물의 흐름을 거스르는 위치에서 싸우는 것을 삼가야 한다는 말입니다.

셋째, 늪과 습지에서 전투하는 원칙입니다. 손자는 '절처택 유극거무류 약교군어척택지중 필의수초이배중수 차처척택지군야絶斥澤 惟亟去無留 若交軍於斥澤之中 必依水草而背衆樹 此處斥澤之軍也'라고 했습니다. 이는 '늪과 습지는 가급적 빨리 지나가고 머물러서는 안 된다. 부득이 늪과 습지에서 싸울 경우에는 반드시 수초에 의지하고 숲을 등지고 싸워야 한다. 이것이 늪과 습지에서 전투하는 원칙이다.'는 뜻입니다. 그러니까 늪이나 뻘 같은 습지는 한 번 빠지면 헤어 나오기가 힘들어, 적으로부터 공격당하기 십상입니다. 하지만 어쩔 수 없이 늪이나 뻘 같은 습지에서 싸울 때는 수초를 이용하고 숲을 등지고 싸우면 훨씬 용이합니다. 수초와 숲이 방패막이 역할을 해주는 까닭입니다.

넷째, 평지에서 군대가 대처하는 전략입니다. 손자는 '평륙처이 이우배고 전사후생 차처평륙지군야 범차사군지리 황제지소이승사제야平陸處易 而右背高 戰死後生 此處平陸之軍也 凡此四軍之利 黃帝之所以勝四帝也'라고 했습니다. 이는 '평지에서는 편리한 곳에 주둔해야 한다. 오른편으로는 높은 언덕을 등지며, 죽을 지형을 앞으로 하고 살아날 지형을 등지고 있어야 한다. 이것이 평지에서 군대가 대처하는 원칙이다. 이 네 가지 군 전력의 유리함은 황제 때부터 수많은 제후들과 싸워 승리한 전략이다.'는 뜻입니다. 그러니까 평지에서 싸울 때는 편리한 곳에 주둔해야 유사시 신속하게 이동하기가 용이해 유리한 곳을 선점하는 데 도움이 됩니다. 오른편으로는 높은 언덕을 등지며, 앞쪽은 낮고 뒤쪽은 높아야 내려다보며 싸울 수 있어 유리하기 때문입니다.

손자가 말하는 덕과 위엄을 갖추면 사람들과의 소통하는 데 있어 좋은 이미지를 심어주게 되어 원만한 인간관계를 이어가게 됩니다. 삶에서 일어나는 좋은 일과 나쁜 일의 결과는 인간관계에 의한 영향이 많습니다. 그런 까닭에 덕을 갖춤으로써 어질게 행동하고, 위엄을 갖춤으로써 상대가 얕잡아 보고 함부로 행하지 않게 해야 합니다.

또한 손자가 말하는 지리적 환경 즉 상황에 따라 전투력을 쌓는 네 가지 방법을 내가 처한 삶의 상황에 맞게 적용하면 많은 도움이 될 수 있습니다. 우리가 살아가면서 겪게 되는 갖가지 어려움을 그 상황에 맞게 지혜롭게 대처하고 해결하기 위해 노력하면 어려움의 고리를 끊어냄으로써 문제를 해결할 수 있습니다. 왜 그럴까요? 우리가 겪는 모든 어려움은 그 원인이 있기 때문에, 그 원인을 해결하기 위한 방법을 찾아 대처하면 궂은 날씨가 맑은 날씨가 되듯 해결함으로써 만족한 삶을 살아가게 되는 것입니다.

덕으로써 대하고 상황에 맞게 대처하기

*

이서우는 조선 제19대 임금 숙종 때 사람으로 홍문관으로 재직하고 있었는데, 어느 날 숙종은 그를 공조참판으로 승진시켰습니다. 숙종은 성군인 세종대왕의 뒤를 이을 만큼, 인품이 뛰어나고 백성을 지극히 사랑한 임금으로 평가받습니다. 어느 해 대보름날 밤 숙종은 내관을 불러 말했습니다.

"오늘은 정월대보름인데 이 약밥을 남산골에서 가장 가난한 선비에게 전해주도록 하라."

"네, 전하."

명을 받은 내관은 남산골로 가서 여기저기 살핀 끝에 집은 거의 반파되고, 눈 위에 사람 발자국조차 없는 집을 발견하였습니다. 그런데 그때 방안에서 희미한 여자의 목소리가 들렸습니다. 그리고 이어 힘없는 남자의 목소리가 들렸습니다. 가만히 들으니, 따뜻한 물을 마시고 싶다는 것이었습니다. 내관은 이 집이 가장 가난하다고 여겨 약밥을 창문으로 밀어주고 왔습니다. 그후 세월이 흐른 뒤 숙종은 몇 해 전 자신이 보낸 약밥을 먹은 남산골 가난한 선비가 궁금하여 자신도 모르게 혼잣말로 말했습니다.

"몇 해 전 내가 보낸 약밥을 먹은 선비는 어떻게 살고 있는지 궁금하구나."

그 말을 듣고 옆에 있던 이서우가 말했습니다.

"전하, 소신이 그 약밥을 받았나이다. 그때 추위와 굶주림을 견디지 못해 아내와 함께 죽을 지경에 이르렀습니다. 그런데 약밥을 나눠 여러 날을 버틴 끝에 살아날 수 있었나이다."

"그래? 그런 일이 있었구먼. 그럼 그 상자에 있던 다른 물건은 보지 못했는가."

"은덩이가 들어 있었나이다."

"그래? 그거면 넉넉하게 살 수도 있었을 텐데."

"신은 누가 보낸 것인지 몰라 지금껏 상자에 보관하고 있나이다."

"그랬구먼."

숙종은 이서우의 청렴함에 크게 감동하여 그에게 특별히 공조참판의 벼슬을 내렸다.

이 이야기에서 보듯 숙종은 참 따뜻한 성품을 지녔다는 것을 알 수 있습니다. 정월대보름을 맞아 그냥 지나칠 수 있음에도, 내관을 시켜 백성들을 둘러보게 하고, 가난한 선비에게 약밥을 전해주게 한 것은 그만큼 백성을 어여삐 여긴다는 것을 잘 알게 합니다. 이처럼 숙종은 덕으로써 백성들을 다스리고, 신하들을 대했습니다. 그런 까닭에 백성과 신하 들은 마음에서 우러나 진정으로 숙종을 존경하였습니다. 숙종은 46년을 재위하면서 많은 치적을 쌓아 성군으로 널리 추앙받았습니다.

이를 손자의 관점에서 본다면 '영지이문 제지이무 시위필취令之以文 齊之以武 是謂必取'라고 할 수 있습니다. 따뜻함은 곧 덕德을 말하는 것으로, 덕이 있는 사람은 마음이 어질어 사람들을 대할 때 따뜻하게 대하고 함부로 여기지 않습니다. 그래서 덕이 있는 사람은 어디를 가든 외롭지 않고 주변에 사람들이 많습니다. 덕을 갖추고, 덕으로써 사람들은 대하는 것은 그 어떤 재능보다도 뛰어나고, 그 어떤 자산보다도 가치가 있습니다. 나이 들어갈 수록 느는 건 흰머리요, 주름살이요, 뱃살이라는 우스갯소리가 있습니다. 나이 들어갈 수록 정작 필요한 것은 '덕'입니다. 그러지 않아도 나이 들면 공연히 심술이 느는 법이거늘, 덕을 갖춘다면 자신에게도 삶의 덕이 되고 주변 사람들에게도 덕을 끼치니, 그 어찌 아니 좋다 할 수 있을까요. 덕은 곧 그 사람의 인생의 무게를 가늠하는 척도인 것입니다.

임진년 5월 왜장 안코쿠지 에케이가 이끄는 왜군들이 배를 타고 남강을 건너 함안에서 의령으로 침공하려고 할 때였습니다. 의병장 곽재우가 이끄는 의병과 남강을 사이에 두고 왜군과 대치하고 있었습니다. 왜군은 강의 늪지대를 피해 진군하기 위해 정찰병들이 안전지대에 깃발을 꽂고 있었습니다. 곽재우는 왜군들이 필경 늪지대를 피해 공격하리라는 걸 예견하고 있었습니다.

"여봐라, 저 왜군의 깃발을 모조리 뽑아서 다시 그걸 늪지대에 꽂아라!"

"네 장군!"

의병들은 곽재우 장군 명대로 왜군들 몰래 깃발을 뽑아 늪지대에 꽂았습니다. 왜군들을 그 사실을 모른 채 깃발이 꽂힌 대로 진군을 하였습니다. 강변 늪지대에 이르자 왜군들은 발이 빠져 어쩔 줄을 몰라 했습니다. 곽재우는 매복해 있던 병사들과 함께 화살을 쏘아댔습니다. 그러자 왜군들은 아우성을 치며 쓰러졌습니다. 늪지대에 이르지 않은 왜군들은 날이 어두어지길 기다렸습니다. 이윽고 날이 어두워지자 왜군들은 어둠을 틈타 강을 건너기 시작했습니다. 그때를 놓치지 않고 곽재우와 의병들은 일제 활을 쏘아댔습니다. 왜장과 왜군들은 비명을 지르며 한동안 아비규환이었습니다. 그리고 얼마 후 모두 몰살을 당하고 말았습니다.

곽재우가 왜군을 몰살 시킬 수 있었던 것은 늪지대를 이용하고, 강을 등지고 싸웠기 때문입니다. 반대로 왜군은 늪지대와 강을 끼고 싸우다 전멸한 것입니다. 《손자병법》의 관점에서 본다면 '절처택 유극거무류 약교군어척택지중 필의수초이배중수 차처척택지군야 絶斥

澤 惟亟去無留 若交軍於斥澤之中 必依水草而背衆樹 此處斥澤之軍也'와 같습니다. 이는 '늪과 습지는 가급적 빨리 지나가고 머물러서는 안 된다. 부득이 늪과 습지에서 싸울 경우에는 반드시 수초에 의지하고 숲을 등지고 싸워야 한다.'는 말입니다. 그런데 왜군은 발이 빠지는 늪지대를 벗어나지 못하고 수풀이나 숲을 등지지 못해 전멸을 당하고 만 것입니다.

또한 '절수필원수 객절수이래 물영지어수내 영반제이격지리 욕전자 무부수이영객 시생처고 무영수류 차처수상지군야 絶水必遠水 客絶水而來 勿迎之於水內 令半濟而擊之利 欲戰者 無附水而迎客 視生處高 無迎水流 此處水上之軍也'와 같습니다. 이는 '물을 건너면 반드시 물에서 멀리 떨어져야 한다. 적이 물을 건너오면 물 속에 있을 때 싸우지 말고 반쯤 건너온 뒤에 공격하는 편이 유리하다. 싸우고자 할 때는 물가에 붙어 싸우지 말고, 시야를 확보하기 위해서는 높은 곳에 있어야 하며, 하류에서 상류의 적을 공격해서는 안 된다.'는 말입니다. 그런데 왜군은 그것도 한밤중에 강을 건너오다가 공격을 받아 전투를 했지만, 전멸을 당한 것입니다. 낮에도 적과 마주하며 강을 건넌다는 것은 위험천만한 일입니다. 그런데도 이를 간과한 왜장과 왜군들은 지는 전쟁을 할 수밖에 없었던 것입니다.

숙종 임금이 백성들의 존경을 받으며 치적을 쌓을 수 있었던 것은 덕으로써 백성을 다스리고, 신하를 대했으며 임금으로서의 위엄을 보였기 때문입니다. 단지 덕으로만 백성과 신하를 대했다면, 임금과 백성과 신하가 허물이 없어 자칫 위계가 흐트러질 수 있습니다. 하지만 숙종은 덕을 갖춘 반면 임금으로서의 위엄을 보였기에 그 둘을 잘 조율함으로써 성군이 될 수 있었던 것입니다. 그리고 곽재우는 늪이란 지형과 강이라는 환경을 잘 이용하여 왜군을 전멸시킬 수 있었습니다.

삶을 살아가다보면 곳곳에 삶을 방해하는 삶의 늪들이 펼쳐져 있습니다. 개개인에게는 탐욕이라는 늪, 이기심과 자만심이란 늪, 게으름이란 늪이 항상 도사리고 있습니다. 그리고 사람과 사람 사이에는 이해관계의 늪, 지나친 경쟁이라는 늪, 타인을 맹목적으로 비난하고 비판하는 늪 등 인간의 삶을 방해하는 갖가지 늪들이 숨어 있습니다. 이 늪에 빠지지 않도록 조심해야 합니다. 뿐만 아니라 삶을 방해하고 발전을 가로막는 강들이 도처에 흐르고 있습니다. 그 잘못된 흐름의 삶의 강물에 빠지지 않도록 경계해야 합니다. 그렇습니다. 삶을 슬기롭게 살아가기 위해서는 사람들을 덕으로 대하고, 마주치게 되는 갖가지 상황을 잘 헤쳐 나가는 삶의 지략을 펼치도록 잘 대비해야 하겠습니다.

덕으로써 삶을 살고 고난을 인생의 승리로 바꾸기

*

미국의 26대 대통령인 시어도어 루스벨트는 매우 친절하고 따뜻한 마음을 가진 사람이었습니다. 그는 아래 사람들에게도 항상 자신이 먼저 인사를 했고, 만나는 사람 누구에게나 따뜻하게 대해주었습니다. 루스벨트의 친절하고 따뜻한 마음은 많은 사람들에게 깊은 인상을 주었고, 재선 대통령이 되는 데 결정적인 역할을 했습니다.

하루는 루스벨트의 부하였던 제임스 E. 아모스의 아내가 루스벨트에게 메추라기에 대해 물었습니다.

"메추라기는 어떻게 생겼나요?"

"꿩과의 새로 모래 빛깔의 색을 가졌지요. 음, 좀 더 구체적으로 말하자면 백색을 띤 황갈색과 흑색의 세로 무늬가 있지요. 낮은 산과 들에서 주로 서식하는 새지요."

루스벨트는 친절하고 자세하게 설명해주었습니다.

"네에, 그렇게 생긴 새로군요."

아모스의 아내는 루스벨트의 친절한 설명에 빙그레 미소 지며 말했습니다. 그 일이 있은 후 어느 날 루스벨트가 전화를 했습니다. 전화를 받은 아모스의 아내에게 말했습니다.

"지금 창밖을 내다보세요. 메추라기를 볼 수 있을 겁니다."

루스벨트는 아모스의 집 근처를 지나다 무슨 중요한 것이라도 되는 양 친근감 넘치는 목소리로 말했습니다.

"감사합니다, 대통령님. 이렇게 전화까지 주시다니."

아모스의 아내는 루스벨트의 말에 깊은 감동을 받았습니다. 생각해보세요. 이런 상황에서는 그가 누구든 감동할 수밖에 없을 것입니다. 대통령이 지극히 사소한 일에 관심을 갖고 지나가는 길에 전화를 한다는 것이 얼마나 자상하고 친절한 자세인지를.

루스벨트는 부하를 대할 때도 최대한 따뜻하게 대해주었습니다.

"여보게, 아모스! 오늘 참 근사하구먼. 그 넥타이 부인이 골라주셨는가?"

"네."

"역시, 자네 부인의 안목은 놀라워."

"감사합니다."

루스벨트의 칭찬에 부하는 기분이 좋아서 "감사합니다!"를 연발했습니다.

이처럼 루스벨트는 매사에 있어 자상하고 따뜻한 관심을 기울였습니다. 그렇다면 사람들은 왜 자상하고 따뜻한 관심을 가진 사람을 좋아하는 걸까요.

첫째, 상대의 마음을 열어줍니다. 자상한 말과 행동은 거부감을 주지 않고, 상대의 마음을 편안하게 해줍니다. 그래서 그 사람을 사귀어도 좋겠다는 생각을 갖게 합니다. 둘째, 상대를 기분 좋게 해줍니다. 따뜻한 말과 행동은 상대의 마음을 한껏 끌어올려 줍니다. 그러니 어떻게 기분이 좋지 않을 수 있을까요. 셋째, 상대에게 신뢰를 갖게 합니다. 따뜻한 관심은 상대가 자신을 신뢰하게 만드는 신뢰의 언어입니다. 상대와 좋은 관계를 유지하고 싶다면, 자상하게 말하고 따뜻한 관심을 보여주어야 합니다. 그렇다면 이 따뜻한 관심은 어디에서 오는 걸까요. 그것은 덕德에서 오는 것입니다. 덕이 있는 마음엔 따뜻함이 샘처럼 솟습니다. 그래서 덕 있는 사람이 어질고 사람을 대할 때 따뜻하게 대하는 것입니다.

시어도어 루스벨트의 삶을 《손자병법》의 관점에서 보면 '졸미친부이벌지 즉불복 불복즉난용야 졸이친부이벌불행 즉불가용야卒未親附而罰之 則不服, 不服則難用也 卒已親 附而罰不行 則不可用也'라고 할 수 있습니다. 이는 '병사들과 친해지지 전에 그들을 징벌하면 마음으로부터 복종하지 않는다. 복종하지 않으면 통솔하기가 어렵다. 그리고 병사들과 이미 친해졌는데도 징벌하지 않으면 통솔할 수 없게 된다.'는 말입니다. 유능한 장수가 그랬듯이 루스벨트 역시 아랫사람들을 덕으로 대함으로써 신의로써 따르게 하고, 아랫사람들은 그를 마음으로부터 깊이 존경함으로써 대통령으로서의 임무를 성공적으로 마칠 수 있었습니다.

서양 최초의 근대소설로 평가되는 《돈키호테》의 작가 세르반테스. 그는 온갖 고난이 산재한 치열한 삶을 겪은 후 《돈키호테》를 집필했습니다. 400년이 지난 지금도 《돈키호테》는 대중에게 사랑받으며 세계의 유수한 고전들 중에서도 대표적인 작품으로 꼽힙니다. 세르반테스의 삶은 한 마디로 파란만장 그 자체입니다. 그의 아버지는 귀족 출신 의사였지만 알코올 중독자로 환자를 치료할 수 없었습니다. 경제적인 궁핍으로 그의 어린 시절은 배고픔과 가난으로 얼룩졌습니다. 그는 정규교육조차 제대로 받지 못했습니다. 세르반테스의 가족은 어린 세르반테스가 성인이 될 때까지 바야돌리드, 마드리드,

세비야 등으로 바람처럼 떠돌며 집시처럼 살아야 했습니다. 유랑생활은 세르반테스에게 고통스러운 일인 한편 새로운 것을 접하고 경험하게 하는 창이 되었습니다.

언제나 배움에 목말라 있던 세르반테스에게도 배움의 기회가 찾아왔습니다. 마드리드의 사설 학교에 들어가 학업을 시작하게 된 것입니다. 이후 그는 이탈리아로 건너가 아크와비바 추기경의 시복이 되었습니다. 그러던 중 이탈리아 주재 스페인 군대에 입대해 레판토 해전에 참전해 가슴과 팔에 부상을 입으며 평생 왼손을 쓸 수 없는 장애를 갖게 되었습니다.

세르반테스는 전쟁의 공을 인정받아 스페인 해군 사령관으로부터 표창장을 받았습니다. 그는 감사장과 시칠리아 부왕의 추천장을 받고 부푼 꿈을 안고 귀국하던 중 알제리 해적의 습격을 받게 되었습니다. 그는 알제리로 끌려가 5년이나 노예생활을 해야 했습니다. 생각지도 못한 일로 깊은 상실감을 느꼈지만, 반드시 살아서 고향으로 돌아가겠다는 신념을 굽히지 않았습니다. 수차례에 걸쳐 탈출을 시도했으나 모두 실패로 끝나고 몸값을 지불하고서야 가까스로 풀려났습니다.

노예생활에서 벗어나 귀국했지만 현실은 암담했습니다. 그는 조국으로부터 아무런 보상도 받지 못했습니다. 불운을 극복하기 위해 그는 문필가가 되기로 결심했습니다. 이후 결혼을 통해 그는 삶의 안정기를 맞이했고 소설 창작에 더욱 몰두할 수 있었습니다. 그의 열정은 대단했지만 소설은 밥이 되지 못했습니다. 그는 작가생활을 접고, 말단 관리가 되어 10년 동안 함대의 물자 담당관으로 일했습니다. 그후 세금 징수원을 전전하며 생활하다 비리에 연루되어 수차례 투옥되었습니다.

그 무렵 그는 투옥 중에 구상한 작품을 출간했습니다. 불후의 명작《돈키호테》제1부를 출간한 것입니다. 그는《돈키호테》로 이름을 널리 알리는 데는 성공했지만 생활은 나아지지 않았습니다. 생활고로 판권을 출판업자에게 넘긴 탓이었습니다.《돈키호테》제2부를 완간하며 그는 유명작가 반열에 올랐습니다. 세계 문단에서 그는 셰익스피어, 단테에 버금가는 작가로 평가받고 있습니다.

한 사람의 인생으로 볼 때 세르반테스의 삶은 불행의 연속이었습니다. 그의 삶은 가난이란 늪과 레판토 해전에서 얻은 장애는 고통의 강이었습니다. 알제리 해적에서 잡혀서 한 노예생활은 험한 산과 같으며, 고국에서의 감옥생활은 험준한 지형과도 같다고 하겠습니다. 이렇듯 그의 삶은 전쟁에 있어 매우 불리한 갖가지 지형과도 같은 형국이었습니다. 그러나 그는 인내와 끈기로 삶을 방해하는 온갖 불합리한 삶의 지형을 극복하고 성공한 작가가 됨으로써 성공한 인생이 되었습니다.

세르반테스의 삶을《손자병법》의 관점에서 본다면 '절수필원수객절수이래 물영지어수내 영반제이격지리 욕전자 무부수이영객 시생처고 무영수류 차처수상지군야絶水必遠水 客絶水而來 勿迎之於水內 令半濟而擊之利 欲戰者 無附水而迎客 視生處高 無迎水流 此處水上之軍也'와 같고 '절

처택 유극거무류 약교군어척택지중 필의수초이배중수 차처척택지
군야 絶斥澤 惟亟去無留 若交軍於斥澤之中 必依水草而背衆樹 此處斥澤之軍也'와
같고 '평륙처이 이우배고 전사후생 차처평륙지군야 범차사군지리
황제지소이승사제야 平陸處易 而右背高 戰死後生 此處平陸之軍也 凡此四軍之
利 黃帝之所以勝四帝也'와 같다고 할 수 있습니다.

이처럼 한 마디로 말해 세르반테스의 인생은 인간이 겪을 수 있
는 온갖 고난을 다 겪었다고 할 수 있습니다. 하지만 그는 자신과의
싸움에서 지지 않고, 자신을 이기고 삶의 온갖 고난을 이기고 승리
하였던 것입니다.

삶의 고난을 이기고 승리한 인생이 되기 위해서는 첫째, 덕을 갖
춤으로써 인간관계를 원만하게 해야 합니다. 그래야 사람들과의 좋
은 관계를 이어가게 됨으로써 자신이 하는 일에 도움이 되기 때문입
니다. 둘째, 고난을 이겨낼 수 있도록 강한 마인드를 기르고, 끈기와
인내력을 길러야 합니다. 셋째, 죽을 만큼 힘들고 어려워도 절대로
포기해서는 안 됩니다. 포기하는 순간 할 수 있는 일도 희망도 모두
사라지고 맙니다. 넷째, 자신이 가장 잘할 수 있는 일에 올인해야 합
니다. 그랬을 때 성공할 수 있는 기회가 찾아오고, 성공하지 못해도
비슷한 삶을 살게 됨으로써 보람된 삶을 살게 됩니다.

50대는 후반기 인생이 시작되는 시기입니다. 그런데 지금 나이
에 무엇을 할 수 있을까 망설이지 말아야 합니다. 자신이 하고 싶은
일이 있다면 주저하지 말고 시작하세요. 괴테는 23살 때 쓰기 시작
한《파우스트》를 82살에 탈고하였으며, 세르반테스는 그의 출세작인

《돈키호테》를 56살 때 쓰기 시작해 58살에 완성하였습니다. 또한 프리드리히 헨델은 고난을 이겨내고 자신의 불멸의 곡 〈메시야〉를 56살 때 작곡하였습니다. 그렇습니다. 50대 이전에 하지 못했던 일이 있다면 50대에 꼭 시작해보세요. 삶의 늪이 방해하고, 시련의 강물이 가로막아도 굳센 의지로 싸워 승리하는 인생이 되기 바랍니다.

제10부

지형편 | 地形篇

삶을 방해하는 삶의 지형을
지혜롭게 이용하는 전략

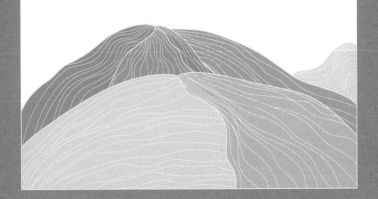

01

삶을 방해하는 삶의 지형을 지혜롭게 이용하는 전략

손자가 말했다.
지형에는 통형, 괘형, 지형, 애형, 험형, 원형이란 것이 있다.

*

孫子曰 地形有通者 有挂者 有支者 有隘者 有險者 有遠者
손자왈 지형유통자 유괘자 유지자 유애자 유험자 유원자

전쟁에서 고려해야 할 여섯 가지 지형

*

전쟁에서 지형을 이용해 적을 공격하는 것은 매우 중요합니다. 지형을 잘만 이용하면 큰 힘을 들이지 않고도 적을 공략할 수 있기 때문입니다. 다만 지형을 어떻게 이용해 공격하느냐가 관건이지요. 지형도 높은 곳이나 낮은 곳이냐, 군대가 이동하기가 편리한 곳이냐, 지나가기가 좁은 곳이냐, 험한 곳이냐 등 다양하기 때문입니다. 손자는 지형에 대해 통형通形, 괘형挂形, 지형支形, 애형隘形, 험형險形, 원형遠形등 여섯 가지로 분류하여 말했습니다.

첫째, 통형입니다. 손자는 '아가이왕 피가이래 왈통 통형자 선거고양 이량도 이전즉리我可以往 彼可以來 曰通 通形者 先居高陽 利糧道 以戰則利'라고 했습니다. 이는 '아군과 적군이 모두 왕래할 수 있는 곳이 통형이다. 이곳에서는 볕이 잘 드는 고지대를 선점해야 한다. 양식보급로를 잘 이용하면 전쟁에서 유리하다.'는 뜻입니다. 그러니까 통형은 사방이 탁 트인 곳으로 아군이나 적군이나 쉽게 진격을 할 수 있는 곳입니다. 그런 까닭에 적군이 진격해오는지 알 수 있도록 아군이 먼저 햇빛이 잘 드는 높은 곳을 선점하는 것이 무엇보다 중요합니다. 그리고 통형은 군량미 및 물품 보급로로 잘 이용하면 전쟁에서 승리하기 유리한 지형을 말합니다.

둘째, 괘형입니다. 손자는 '가이왕 난이반 왈괘 괘형자 적무비 출이승지 적약유비 출이불승 난이반 불리可以往 難以返 曰掛 掛形者 敵無備 出而勝之 敵若有備 出而不勝 難以返 不利'라고 했습니다. 이는 '전진은 쉽지만 반대로 후퇴하기는 어려운 지형이다. 괘형에서 적의 방비가 없으면 출전하여 승리할 수 있고, 적이 대비를 하고 있다면 출전하여 승리할 수 없으며, 후퇴가 곤란하여 불리한 지형이다.'는 뜻입니다. 그런 까닭에 이러한 지형에서는 먼저 적이 싸울 준비가 되어 있는지 아니면 무방비 상태인지를 파악해야 합니다. 적이 대비하지 않았을 때 공격하면 아군은 승리할 수 있지만, 적이 대비하고 있는데 무조건 공격을 가하면 후퇴하기가 어려워 실패할 수 있기 때문입니다. 지형 상황을 정확하게 파악한 후에 공격해야 할지 물러나야 할지를 결정해야 합니다. 단지 요행을 바라고 공격했다가는 큰 위기를 맞을 수 있는 지형을 말합니다.

셋째, 지형입니다. 손자는 '아출이불리 피출이불리 왈지 지형자 적수리아 무아출야 인이거지 영적반출이격지리我出而不利 彼出而不利 曰支 支形者 敵雖利我 我無出也 引利去之 令敵半出而擊之利'라고 했습니다. 이는 '아군이 출전해도 불리하고, 적군이 출전해도 불리한 지형이다. 이 지형에서는 적이 이익으로 아군을 유인해도 출전해서는 안 된다. 아군을 인도하여 후퇴하다가 적이 반쯤 쫓아 오기를 기다려 공격하면 이득이 된다.'는 뜻입니다. 그런 까닭에 이런 지형에서는 아군이든 적군이든 먼저 출전하는 쪽이 불리합니다. 그러기 때문에 적군이 이익으로 아군을 유인하더라도 절대 적의 속임수에 걸려들면 안 됩니다. 그와 반대로 아군이 후퇴하다가 적이 반쯤 쫓아 오길 기다렸다가 공격하면 승리할 수 있는 지형을 말합니다.

넷째, 애형을 말합니다. 손자는 '애형자 아선거지 필영지이대적 약적선거지 영이물종 불영이종지隘形者 我先居之 必盈之以待敵 若敵先居之 盈而勿從 不盈而從之'라고 했습니다. 이는 '길이 좁은 애형에서는 아군이 선점하여 주둔하고 필히 아군을 배치하여 적과 맞선다. 만약 적이 선점하여 적병이 배치되어 있으면 쫓지 말고 적병이 없다면 추격하여 패배시킨다.'는 뜻입니다. 그런 까닭에 이런 지형에서는 길이 매우 협소하고 험준한 산을 의지할 수 있어 먼저 선점하는 쪽이 유리합니다. 만약 아군이 먼저 도착하여 이 지형을 선점했다면 입구를 막고 적이 오기를 기다린 후 공격하면 승리할 수 있습니다. 하지만 적군이 선점하고 있다면 먼저 공격하지 말아야 합니다. 그러나 적군이 없다면 추격하여 패배시키고 승리할 수 있다는 말입니다.

다섯째, 험형입니다. 손자는 '험형자 아선거지 필거고양이대적 약적선거지 인이거지 물종야險形者 我先居之 必居高陽以待敵 若敵先居之 引而去之 勿從也'라고 했습니다. 이는 '험형에서는 아군이 선점하여 필히 햇볕이 잘 드는 고지에 주둔하여 대적한다. 만약 적이 선점하여 주둔한다면 아군을 인도하여 후퇴하고 따라서 들어가지 말아야한다.'는 뜻입니다. 그런 까닭에 험형에는 굴곡이 많고 가로막혀 적군의 움직임을 살피기 어렵습니다. 그래서 이런 지형에서는 햇볕이 잘 드는 높은 곳을 선점하는 것이 중요합니다. 만약 험준한 지역에서 적이 더 높은 곳을 선점하고 있다면 절대 공격하지 말고 철수해야 한다는 말입니다.

여섯째, 원형입니다. 손자는 '원형자 세균 난이도전 전이불리 범차육자 지지도야 장지지임 불가불찰야遠形者 勢均 難以挑戰 戰而不利 凡此六者 地之道也 將之至任 不可不察也'라고 했습니다. 이는 '원형에서는 적과 세력이 같으면 도전하기가 곤란하고 직접적인 싸움은 불리하다. 이런 여섯 가지 원칙이 지형을 이용하는 길이다. 장군의 임무는 중대하니 세심히 살펴야 한다.'는 뜻입니다. 그런 까닭에 이런 지형에서는 아군과 적군의 전력이 비슷한 경우는 서로가 전쟁하기가 불리한 지형입니다. 이 여섯 가지는 지형을 이용하는 기본 원칙이기 때문에 장수에게는 매우 중요한 임무인 만큼 세심하게 살피지 않으면 안 된다는 말입니다.

이 여섯 가지 지형은 전쟁에서 흔히 볼 수 있는 지형입니다. 각 지형마다 그에 따른 특징이 있습니다. 그런 까닭에 지형을 잘 이용한다는 것은 적과의 싸움에서 이길 수 있는 기회를 갖게 됩니다. 그래서 유능한 장수는 지형을 잘 이용할 뿐만 아니라, 그에 맞는 전략을 세움으로써 전쟁에서 이길 확률이 높습니다.

우리의 삶도 이와 다르지 않습니다. 삶을 살아가다보면 부부가 이해관계 등 여러 문제로 곤란을 겪기도 하고, 회사문제로 곤란을 겪기도 하고, 친구문제로 곤란을 겪기도 하고, 사업문제로 곤란을 겪기도 하고, 건강문제로 곤란을 겪기도 하고, 경제문제로 곤란을 겪기도 하고, 자녀문제로 곤란을 겪기도 하고, 가족문제로 곤란을 겪기도 하고, 취업문제로 곤란을 겪기도 하고, 소통하는 문제로 곤란을 겪기도 하는 등 많은 문제로 곤란을 겪습니다. 삶에서 겪게 되는 '곤란한 문제'는 전쟁에서 말하는 '지형'과 같다고 할 수 있습니다.

이처럼 수많은 삶의 지형에서 삶의 적과 싸워 이기기 위해서는 각 삶의 지형에 맞는 전략을 세워 싸워야 합니다. 그래야 삶을 방해하는 삶의 지형 즉 삶의 적을 물리치고 내가 바라는 것은 취하게 됨으로써 행복하고 보람된 삶을 살아가게 되는 것입니다. 그렇습니다. 삶의 지형인 삶의 적을 이길 수 있도록 대비하는 데 소홀함이 없어야 하겠습니다.

지형을 이용하여 이기기

*

유비가 삼고초려三顧草廬로 제갈공명을 군사로 맞아 들였지만, 병력은 겨우 3,000명에 불과했습니다. 하지만 제갈공명의 체계적이고 밤낮 없는 훈련으로 인해 불과 몇 달에 만에 강군強軍으로 변화하는 데 성공했습니다. 그런데 바로 그때 원소를 제압한 조조는 유비를 제거하기 위해 하후돈에게 10만 대군을 내어주며 유비의 본거지인 신야를 공격하게 했습니다. 제갈공명이 유비의 군사가 되어 맞은 첫 번째 전투였습니다.

제갈공명은 유비의 의형제인 관우와 장비가 자신을 못마땅하게 여기고 미덥지 않게 생각한다는 것을 알고 있었습니다. 제갈공명은 유비에게 전군을 통솔할 수 있는 권한과 보검을 달라고 요구했습니다. 유비로부터 전권을 위임받은 제갈공명은 관우와 장비에게 말했습니다.

"관우 장군은 1천 명의 군사를 이끌고 박망파 왼쪽에 있는 예산에 매복하고 있다가, 적이 오면 통과시키되 남쪽에서 불이 올라오는 것을 보게 되면 적의 군량과 마초를 불 지르시오. 장비 장군은 1천 명의 군사를 이끌고 박망파 오른쪽에 있는 안림에 매복했다가 남쪽에서 불이 타오는 것을 보면 즉시 진격하시오. 관평과 유봉은 군사 5백 명을 이끌고 박망파 너머에서 기다리다 적군이 도착하면 바로 불을 질러 신호를 보내도록 하시오. 조자룡은 선봉장으로 나가 적과 싸우되 이기려고 하지 마시오. 중요한 것은 적을 박망파로 유인하는 것이오. 매복하는 관우 장군과 장비 장군의 병력은 숲처럼 고요해야 합니다. 하지만 공격할 때는 질풍노도처럼 날쌔게 마치 불이 번지듯이 맹렬하게 해야 합니다."

제갈공명은 간단명료하게 지시를 하였습니다. 하지만 3,000명으로 10만 대군과 싸운다는 것은 상식적으로 이해가 되지 않는 것이었습니다.

"작전지시를 듣고 보니 우리가 수적으로는 한참 열세지만, 우리 군이 이길 수 있는 방법이긴 합니다. 그러나 전략대로 될지가 걱정입니다."

관우는 이렇게 말하며 입술을 굳게 다물었습니다.

"뭐라? 병력이 고작 3천 명밖에 안 된다고? 그런 병력으로 우릴 상대로 싸우겠다니 계란으로 바위치기지. 가소로운 놈들. 아주 박살을 내주마."

10만 대군을 이끌고 진격해오던 조인은 유비의 병력이 3,000명에 불과하다는 것을 알고는 기고만장하였습니다. 선봉장 하후돈을 맞은 것은 조자룡이었습니다. 하후돈이 조자룡의 병력을 보니 상대가 되지 않았습니다. 하후돈 입장에서는 전력이고 뭐고, 전술 따위가 필요 없었습니다. 그냥 병력 숫자로 밀어붙이면 간단하게 끝날 거라며 무작정 조자룡을 향해 진격했습니다. 조자룡은 하후돈과 싸우는 척하다 도망을 갔습니다. 그러자 하후돈은 기세등등하게 조자룡을 맹추적했습니다. 조자룡은 제갈공명이 지시한대로 박망파로 도망하였습니다. 박명파는 좁고 험한 길로 이어져 있었습니다. 왼쪽에는 산이 오른쪽에는 숲이 있었습니다. 수풀은 무성했고 나무는 빽빽하게 들어차 있었습니다. 추격하는 길이 좁아지고 숲이 깊어지면서 바람도 골짜기를 따라 세게 불기 시작했습니다.

"장군, 길이 갈수록 좁아지고 수풀이 무성합니다. 또 바람도 계곡을 따라 점점 세어집니다. 만약 적이 불로 공격을 하면 위험하니 더 이상 공격을 멈추는 것이 좋겠습니다."

뒤따라온 우금의 조언에 하후돈이 보니 정말 함정이었습니다. 모두 후퇴하라는 명령을 내리는 순간, 숲에 불길이 치솟았습니다. 불은 순식간에 번지며 하후돈의 군대를 에워쌌습니다. 바람이 강하게 불며 하후돈 군사들은 쓰러지기 시작했습니다. 하후돈이 이끄는 군사들은 우왕좌왕하며 어쩔 줄을 몰라 했습니다. 불길을 빠져나가려고 자신들끼리 부딪치며 아우성쳤습니다. 하후돈을 구하기 위해 조인 군대가 뒤따라왔습니다. 그러나 매복해 있던 관우의 군사들과 장비의 군사들의 공격을 받고 대패하였습니다. 박망파 일대는 죽은 조조군의 시체가 즐비하였습니다. 이 전투로 조조는 3만의 병사를 잃었습니다.

제갈공명이 3,000명으로 10만 대군의 조조군대를 이길 수 있었던 것은 길이 좁아지는 지형 즉 애형 때문이었습니다. 손자는 애형에 대해 '애형자 아선거지 필영지이대적 약적선거지 영이물종 불영이종지隘形者 我先居之 必盈之以待敵 若敵先居之 盈而勿從 不盈而從之'라고 했습니다. 즉 '길이 좁은 애형에서는 아군이 선점하여 주둔하고 필히 아군을 배치하여 적과 맞선다. 만약 적이 선점하여 적병이 배치되어 있으면 쫓지 말고, 적병이 없다면 추격하여 패배시킨다.'는 뜻으로 제갈공명은 바로 애형의 지형을 이용한 것입니다. 길이 좁기 때문에 들어갈 때는 들어가더라고 후퇴를 할 땐 용이치 않은 지형이며, 이곳을 먼저 선점한 쪽에 유리한 지형이기 때문에 제갈공명의 전략대로 이길 수 있었던 것입니다.

또한 수풀이 우거지고 나무가 빽빽하게 들어차 있어 시야확보도 어렵고 위태로울 때 도망치기가 어려웠습니다. 그리고 좁은 계곡으로 바람이 불어 화공법을 쓰면 걷잡을 수 없는 지경에 이르게 되는데, 지형을 이용한 제갈공명의 전략은 그야말로 지략 중에 지략이었던 것입니다. 전쟁에서 병력수는 절대적이지만, 전력이 뛰어나면 소수의 병력으로도 대군을 이기는 법입니다. 그래서 전쟁에서 전략은 매우 중요한 것입니다.

삶을 방해하는 삶의 지형을 지혜롭게 이용하기

*

미국에서 가장 성공한 흑인 여성의 대명사 오프라 윈프리. 그녀는 웃음과 감동을 주는 토크쇼 〈오프라 윈프리 쇼〉의 진행자로 유명합니다. 또한 그녀는 엄청난 부와 명성을 한몸에 지닌 채, 미국인들의 존경과 부러움을 사고 있습니다. 이런 윈프리도 어린 시절엔 지독한 가난의 굴레에서 항상 자유롭지 못했습니다. 그녀는 10대 미혼 부모 사이에서 태어났습니다. 하지만 철없는 부모의 손에서 자란다는 것은 그녀에겐 꿈에 불과했습니다. 그녀의 부모는 아기를 놔둔 채 고향을 떠났습니다. 그녀는 엄한 할아버지와 할머니 슬하에서 어린 시절을 보낼 수밖에 없었습니다. 그녀는 9살 때 사촌 오빠에게 성폭행을 당했으며, 14살 어린나이에 미혼모가 되었지만 아기는 불행히도 죽고 말았습니다. 그후 그녀는 테네시 주에서 이발사로 있는 아버지에게 보내졌지만, 가난은 여전히 진드기처럼 그녀를 놓아주지 않았습니다.

어린 그녀에겐 하나부터 열까지 모든 것이 시련이었고, 눈물이었고 아픔이었습니다. 어느 것 하나 그녀를 행복하게 하는 것은 없었으니까요. 그러나 그녀는 절망하지 않았습니다. 모든 것을 받아들이며 자신의 새로운 인생을 위해, 새로운 모색을 위해 탐구하고 노력했습니다. 그렇게 해서 새롭게 시작한 일이 라디오 방송국의 일이었습니다. 하지만 그녀는 거기에 만족하지 않고 자신의 꿈을 이루기 위해, 대학 졸업도 미루고 TV뉴스를 맡아 최선을 다했습니다. 그러면서 차츰 그녀는 알려지기 시작했습니다. 그러자 그녀에게 새로운 기회가 찾아왔습니다. 그녀가 토크쇼를 진행하게 된 것입니다.

오프라 윈프리의 토크쇼는 시카고에서 단번에 시청률을 높이며 시청자들의 눈길을 사로잡았습니다. 지금과는 다른 새로운 구성과 화법에서 오는 그녀만의 독특한 개성이 먹혀들었던 것입니다. 그러나 그런 가운데 시련도 있었습니다. 저속한 내용을 다루었다는 비판을 받기도 했고, 대리모를 사칭한 여성의 출연으로 비난을 받기도 했습니다. 이러한 일은 공정성과 공익성을 최우선으로 하는 방송에서는 있을 수 없는 일이니까요. 그것은 시청자들을 기만하는 일이며 신뢰성을 깨는 일이므로 방송인에게는 치명적인 일입니다.

그런데 그녀는 게스트에 대한 따뜻한 관심과 배려로 시청자들의 공감을 샀고, 그녀의 인기는 그녀의 인간적인 면모만큼이나 급상승했습니다. 마침내 그녀의 토크쇼는 미국인 누구나 즐겨보는 인기 프로그램이 되었고, 그녀는 약자를 위한 대변과 노력으로 자신의 의지를 하나씩 펼쳐 보이며, 미국 국민들의 존경을 한몸에 받았습니다.

그 일례로 1998년 실시한 미국에서 가장 영향력 있는 여성 중 힐러리 클린턴에 이어 2위에 뽑혔습니다. 그리고 〈포브스〉가 연예인과 스포츠 스타, 작가, 영화감독 등 소득과 명성을 기초로 선정한 2007년, 2008년 '세계의 가장 영향력 있는 유명인사 100인'에 연이어 1위를 차지하였습니다. 오프라 윈프리는 단순한 엔터테이너가 아닙니다. 그녀는 피부와 인종을 뛰어넘은, 모든 여성들의 꿈의 대상이며 실체입니다. 그녀가 진행하는 '오프라 윈프리 쇼'는 2002년까지 30회의 에이미상을 수상하는 영예를 안았습니다. 또한 그녀는 영화 〈컬러 퍼플〉에 출연하여 골든글러브상을 수상하고, 미국 아카데미시상식에서 여우조연상을 수상했습니다.

그녀가 이룬 이 놀라운 결과는 그녀의 땀과 신념 그리고 용기와 믿음이 이루어낸 향기로운 결실입니다. 오프라 윈프리는 그런 공로를 인정받아 워싱턴 흑인대학인 하워드대학으로부터 명예박사학위를 받았습니다. 이 자리에서 그녀는 "인생에서 많은 상을 받았지만, 자기 자신에게 존중받는 것 이상의 상은 없다. 본래 자신의 모습을 파는 노예가 되지 말아야한다."고 말했습니다. 그녀의 말이 끝나자마자 2,200명의 졸업생과 행사장을 가득 메운 축하객 3만 명으로부터 아낌없는 박수를 받았습니다.

그녀는 자신의 꿈대로 지금은 잡지, 케이블TV, 인터넷을 운영하는 하포를 창립하고 회장으로 있습니다. 오프라 윈프리가 10대 미혼부모 사이에서 태어나 부모에게 버림받고 조부모의 손에 자란 것은 '불행한 운명 같은 삶의 지형'이라고 할 수 있습니다. 또 그녀가 9살 때 사촌 오빠에게 성폭행을 당하고, 14살 어린나이에 미혼모가 되었지만 불행히도 아기가 죽은 것은 '참혹하고 비참한 삶의 지형'이라고 할 수 있습니다.

이처럼 그녀의 경우를 《손자병법》에 빗대면 괘형掛形, 지형支形, 애형隘形, 험형險形이라고 할 수 있습니다. 그만큼 그녀의 삶은 토크쇼 진행자로 성공하기 전엔 굴곡이 심한 삶의 지형이었습니다. 그러나 그녀는 삶을 방해하는 고난과 시련의 삶의 지형을 슬기롭게 이겨내고, 승승장구하며 희망의 아이콘, 희망의 성녀가 되었습니다.

사람들이 살아가면서 맞닥뜨리고 싶지 않은 것은 시련입니다. 시련 없이 살아가면 더 없이 좋겠지만, 그럴 수 없는 게 또한 인간의 삶이지요. 살다보면 크든 작든 누구나 시련을 겪습니다.

그런데 시련은 어떤 사람에게는 장점으로 작용하고, 어떤 사람에게는 단점으로 작용합니다. 장점으로 작용하는 경우는 시련을 시련으로만 여기지 않고, 적극적으로 받아들임으로써 지금보다 나은 자신의 길을 찾는 성공요인으로 삼기 때문입니다. 이런 적극적인 마인드를 갖게 되면 시련은 두려운 존재가 아니라, 지금보다 나은 길로 가는 징검다리로 여기게 될 것입니다.

하지만 시련을 두려운 것이며 아픔으로 여긴다면 고통만 따르게 됩니다. 그래서 이런 마인드를 가진 사람은 더 나은 길로 나아가는 데 큰 제약을 받게 되는 것입니다. 지금 우리는 과거 그 어느 때보다도 물질의 풍요로움을 누리는 시대에 살고 있지만, 그만큼 삶은 더 각박하고 힘들어졌습니다. 대학을 나와도 취업하기가 힘들고 그런 만큼 경쟁도 더욱 치열합니다.

50대에 접어들면 직장에서는 나가기를 바라고, 안 나가고 버티면 이런저런 구실로 압박을 하고 자존심에 상처를 입히곤 합니다. 막상 퇴직을 해도 갈 데가 없습니다. 새로운 일을 하려고 해도 마땅치가 않습니다. 그래서 치킨집이나 식당 등을 차리지만 실패로 끝나는 경우가 열의 아홉입니다. 대학을 다니는 자녀가 있는 50대는 뒷바라지를 하느라 허리가 휘고, 결혼을 하는 자녀를 둔 50대는 결혼비용을 대느라 기둥뿌리를 떼어내야 합니다. 주식에 손을 댔다 돈을 날리고, 지인이나 친구 등의 달콤한 꼬임에 빠져 투자했다가 빈털털이가 되어 이혼을 당하는 등 이혼율이 증가추세에 있습니다.

이처럼 삶을 방해하고 위협하는 삶의 지형이 곳곳에서 발목을 잡고 있습니다. 이럴수록 삶을 방해하는 삶의 지형을 지혜롭게 이용해야 합니다. 삶의 지형을 지혜롭게 이용하기 위해서는 첫째, 시련을 아무렇지도 않게 받아들이는 담담한 마인드를 길러야 합니다. 담담한 마인드는 시련을 두려워하지 않습니다. 둘째, 어려움을 극복하고 성공한 사람들에 관한 이야기를 듣고, 책을 읽으며 능동적인 마인드를 길러야 합니다. 능동적인 마인드를 갖게 되면 웬만한 시련은 쉽게 극복하게 된답니다. 셋째, 시련을 이길 수 있는 힘은 희망을 잃지 않는 것입니다. 어떤 시련이 오더라도 희망의 끈을 놓지 말고 기도해야 합니다. 그러면 반드시 시련을 극복함으로써 좋은 날을 맞게 될 것입니다.

제11부

구지편 | 九地篇

삶과의 전쟁에서 이기는
임전무퇴의 지략智略

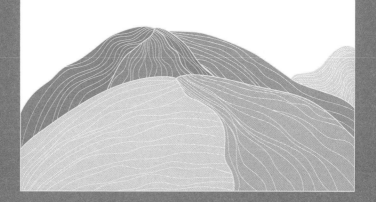

삶과의 전쟁에서 이기는 임전무퇴의 지략

용병의 방법으로는 산지, 경지, 쟁지, 교지,

구지, 중지 비지, 위지, 사지 등이 있다.

*

用兵之法 有散地 有輕地 有爭地 有交地

有衢地 有重地 有圮地 有圍地 有死地

용병지법 유산지 유경지 유쟁지 유교지

유구지 유중지 유비지 유위지 유사지

전쟁터의 아홉 가지 지형과 그에 따른 대처방식

*

전쟁터는 지형에 따라 다를 수 있습니다. 평지로 둘러싸인 곳, 산이
많고 산세가 험한 곳, 길이 좁고 땅이 고르지 못한 곳, 뻘이나 습지로
된 곳, 안개가 많이 끼는 곳, 강을 끼고 있는 곳, 땅이 들쑥날쑥 하는
곳 등 다양합니다. 이런 곳에서 전투를 할 땐 지형에 따라 그 방식을
달리해야 합니다. 그렇지 않으면 치명적인 오류를 범해 적에게 패할
수 있기 때문입니다. 그런 까닭에 아주 오랜 전부터 현재에 이르기
까지 이는 전쟁의 불문율과 같습니다.

손자는 일찍이 이를 간파하고 전쟁터의 지형에 대해 '용병지법 유산지 유경지 유쟁지 유교지 유구지 유중지 유비지 유위지 유사지 用兵之法 有散地 有輕地 有爭地 有交地 有衢地 有重地 有圯地 有圍地 有死地'라 했습니다. 즉, '용병의 방법으로는 산지, 경지, 쟁지, 교지, 구지, 중지 비지, 위지, 사지' 등 아홉 가지가 있다.'고 했습니다. 이를 세 단락으 로 구분지어 살펴보면 다음과 같습니다.

제후가 자기 나라 영토 안에서의 전쟁터를 산지라 하고,
적지에 들어갔으나 깊이 진입하지 않은 지역을 경지라고 한다.
아군이 점령하면 아군에게 유리하고,
적군이 점령하면 적군에게 유리한 지역을 쟁지라고 한다.

諸侯自戰其地者 爲散地 入人之地而不深者 爲輕地
我得則利 皮得亦利者 爲爭地
제후자전기지자 위산지 입인지지이불심자 위경지
아득즉리 피득역리자 위쟁지

아군이 진출할 수도 있고,
적군이 진출할 수도 있는 지역을 교지라 하고,
제후국이 세 나라와 국경을 접경한 지역으로써 먼저 도달하는 측이
천하의 백성을 얻을 을 수 있는 지역을 구지라고 한다.

적지에 깊숙이 진입하여

적국의 많은 성읍을 등지고 있는 지역을 중지라고 한다.

我可以往 皮可以來者 爲交地 諸候之地三屬 先至而得天下之衆者

爲衢地 入人之地深 背城邑多者 爲重地

아가이왕 피가이래자 위교지 제후지지삼속 선지이득천하지중자

위구지 입인지지심 배성읍다자 위중지

산림과 험준한 곳,

습지 등이 있어 행군하기 어려운 지역을 비지라고 한다.

진입로는 협착하고 돌아 나오는 길은 멀어 적이 소수병력으로

아군의 다수병력을 격파할 수 있는 지역을 위지라고 한다.

속전속결로 전력을 다하면 살 수 있고,

그렇지 않으면 멸망하는 지역을 사지라고 한다.

行山林險調沮澤 凡難行之道者 爲圮地 所由入者隘 所從歸者迂

皮寡可以擊吾之重者 爲圍地 疾戰則存 不疾戰則亡者 爲死地

행산림험조저택 범난행지도자 위비지 소유입자애 소종귀자우

피과가이격오지중자 위위지 질전즉존 부질전즉망자 위사지

그런 까닭에 산지에서는 전투를 하지 않는다.

경지에서 멈춰서는 안 되고, 교지에서는 끊어져서는 안 되며,

쟁지에서는 공격해서는 안 된다.

구지에서는 외교를 맺어야 하고, 중지에서는 약탈을 해야 하며,

비지에서는 행군하여 벗어나고,

위지에서는 모략을 쓰고, 사지에서는 싸워야 한다.

是故散地則無戰 輕地則無止 爭地則無攻 交地則無絶 衢地則合交

重地則掠 圮地則行 圍地則謀 死地則戰

시고산지즉무전 경지즉무지 쟁지즉무공 교지즉무절 구지즉합교

중지즉략 비지즉행 위지즉모 사지즉전

이와 같이 손자가 말하는 산지, 경지, 쟁지, 교지, 구지, 중지 비지, 위지, 사지 등 아홉 가지 전쟁터는 그 지형만의 특징이 있어, 그 특징에 맞게 전력을 세우면 전투를 하는 데 있어 유리하게 작용함으로써 승리에 큰 도움이 됩니다.

犯之以事 勿告以言 犯之以利 勿告以害 投之亡地然後存

陷之死地然後生 夫衆陷於害 然後能爲勝敗

범지이사 물고이언 범지이리 물고이해 투지망지연후존

함지사지연후생 부중함어해 연후능위승패

이는 '병사들을 통제할 때에는 일로써 하고 말로 설명해주지 않는다. 이익으로써 알리되, 해로움은 말해주어서는 안 된다. 병사들은 위험한 땅에 던져지면 이후에 목숨을 보존하게 되고, 살 수 없는 땅에 빠지게 한 이후에 살아나게 된다. 군중은 해로움에 빠진 연후에 능히 승패를 결정지울 수가 있다.'는 뜻입니다. 그러니까 전쟁에 임하면 유리한 조건을 알려줌으로써, 긍정적인 생각으로 전쟁에 임하도록 해야 합니다. 그래야 자신감을 갖고 전쟁에 임해 승리할 수 있는 동력이 되기 때문입니다. 하지만 불리한 조건을 알려주면 부정적인 생각에 사로잡혀 자신감을 잃게 됨으로써 전쟁에 악영향을 주게 됩니다. 뿐만 아니라 위험 곳이나 사지와 같은 곳에서도 살아남을 수 있기 때문에 병사들에게 모든 걸 말하지 않는 것이 바람직합니다. 그렇습니다. '알면 병 모르면 약'이라는 말처럼 일일이 알아서 좋을 건 없습니다. 손자는 이점을 잘 파악했다는 것을 알 수 있습니다.

故善用兵者 譬如率然 率然者 常山之蛇也 擊基首則尾至
擊基尾則首至 擊基中則首尾俱至 敢問 兵可使如率然乎
曰可 夫吳人與越人相惡也 當基同舟而濟遇風 基相救也 如左右手
是故方馬埋輪 未足恃也 齊勇若一 政之道也 剛柔皆得 地之理也
故善用兵者 携手若使一人 不得已也

고손용병자 비여솔연 솔연자 상산지사야 격기수즉미지
격기미즉수지 격기중즉수미구지 감문 병가사여솔연호

왈가 부오인여월인상오야 당기동주이제우퐁 기상구야 여좌우수

시고방마매륜 미족시야 제용약일 정지도야 강유개득 지지리야

고선용병자 휴수약사일인 부득이야

이는 '그런 까닭에 용병에 능숙한 자는 솔연처럼 부대를 지휘한다. 솔연이란 상산지방의 뱀 이름이다. 그 뱀의 머리를 치면 꼬리가 달려들고, 꼬리를 치면 머리가 달려들고, 허리를 치면 머리와 꼬리가 한꺼번에 달려든다. 그렇다면 군대도 그 솔연이란 뱀처럼 운용할 수 있을까? 물론 가능하다. 오나라 사람과 월나라 사람은 서로 원수지간이지만 그들이 한 배를 타고 강을 건너다 폭풍을 만났을 때에는 좌우의 양손처럼 서로 구원해주어야만 살아날 수 있는 이치와 같다. 그런 까닭에 전투가 시작될 때 말의 고삐를 잡아 묶고, 수레바퀴를 떼어 땅 속에 묻어가면서까지 병사들을 결속시키려 해도 제대로 되지 않는다. 병사들을 일치단결케 하여 싸우게 하는 것은 장수의 지휘와 통솔력에 달려 있다. 병사들 중에 강한 자나 약한 자를 막론하고 그들의 역량을 최대한 발휘하게 하는 것은 지형의 이점을 적절히 이용하는 데 있다. 용병에 능한 장수가 전군 병력을 한 사람처럼 움직이게 하는 것은 장병들로 하여금 그렇게 하지 않으면 안 되도록 만들었기 때문이다.'라는 뜻입니다. 그러니까 용병이 뛰어난 장수는 솔연처럼 능수능란하게 부대를 지휘한다는 것입니다. 그것은 마치 솔연이란 상산의 뱀처럼 아주 자유자재로 공격에 능한 것처럼 전투에 능하기 때문이라는 겁니다. 그런데 군대도 솔연처럼 운용할 수 있느냐고 묻는다면 그럴 수 있다는 것입니다. 그것은 원수 지간인 오나라 사람과 월나라 사람이 배를 타고 가다 거센 풍랑을 만나면 살기 위해서 서로 손을 맞잡는 거와 같은 이치이기 때문이라는 것입니다.

그런 까닭에 병사들을 억압을 하거나 매몰차게 대해서는 안 됩니다. 그렇게 해서는 병사들을 일사불란하게 움직이게 하고 싸우게 할 수 없습니다. 그것은 장수의 지휘와 통솔력에 달려 있기 때문에 장수가 운용의 묘를 잘 살려야 하는 것입니다. 강한 병사나 약한 병사나 할 것 없이 그들의 역량을 발휘하게 하기 위해서는 지형의 이점을 잘 이용하여 병사들이 힘을 크게 들이지 않고 자신감을 갖고 잘 싸울 수 있도록 용기를 주어야 합니다. 그래서 용병이 능한 장수는 병사들과 한 마음이 되어 한 몸 같이 움직입니다. 유능한 장수가 병사들을 다루고 지휘하는 것에 능숙한 것은 그처럼 병사들을 만들었기 때문이라는 것입니다.

그렇습니다. 유능한 장수는 군대를 능수능란하게 다뤄야 합니다. 그래야 병사들을 내 몸같이 같이 다루게 되고, 그 어떤 상황에서도 한 몸이 되어 적을 물리칠 수 있기 때문입니다. 그런 까닭에 한명의 유능한 장수는 천하를 움직일 만큼 기세가 높고, 이 산을 저쪽으로 옮길 만큼 지략이 뛰어납니다. 이처럼 〈구지편〉에는 이외에도 '장수가 해야 할 임무'와 '상황을 직시해야 하는 이유' 등 다양한 이야기가 펼쳐져 있습니다.

싸움에서 이기는 최선의 전략,
죽기를 각오하면 반드시 이긴다

배수지진背水之陣이란 '강이나 바다 등 물을 등지고 진을 친다.'는 뜻으로 물러설 곳이 없어 목숨을 걸고 싸움에 임하는 각오를 말합니다. 이 말이 처음 유래한 것은 앞서 언급한 한나라 한신이 조趙나라 군대를 물리친 데에 따른 것입니다.

한나라 왕은 한신과 장이로 하여금 조나라와 대나라를 치도록 명했습니다. 이때 조나라는 이좌거와 진여가 한나라에 대적하였습니다. 한신은 첩자를 통해 이좌거가 협도에서 진을 치려는 계책이 진여의 반대로 무산되었다는 말을 듣고, 크게 기뻐하였습니다. 이에 한신은 군대를 이끌고 정경의 협도로 왔습니다. 정경 입구에서 30리쯤 떨어진 곳에 머물러 야영을 하고, 그날 밤 병사 2,000명을 뽑아 각자 붉은 기를 하나씩 가지고 샛길로 가서 산속에 매복한 후 조나라 군대를 살피게 하였습니다. 그리고 명하기를 조나라 군대는 우리 군대가 달아나는 걸 보면 성을 비우고 우리 군대를 쫓아올 것이니 그 때 조나라 성으로 들어가 조나라 기를 뽑아버리고 한나라 기를 꽂으라고 하였습니다. 그리고 오늘 조나라 군대를 물리친 후 다 같이 배불리 먹자고 말했습니다. 장수와 병사들은 그러겠다며 한 목소리로 답했습니다. 한신은 군사 1만 명을 정경 입구로 먼저 보내 물을 등지고 진을 치게 하였습니다.

조나라 군사들은 이 모습을 보고 한신이 병법을 모른다며 비웃었습니다. 날이 샐 무렵 한신이 대장 깃발을 세우고 북을 치면서 정경 입구로 나갔습니다. 조나라 군대는 성문을 열고 나와 두 군대는 맞서 싸웠습니다. 그러다 한신은 북과 기를 버리고 강기슭의 진지로 달아났습니다. 그리고는 조나라 군대를 맞아들여 싸웠습니다. 그때 성안에 있던 조나라 군대는 성을 버리고 나와 한신을 쫓아 왔습니다.

그러나 한신이 강가의 진지로 들어간 뒤에는 한나라 군대는 결사 항전, 그야말로 죽을 듯이 싸웠습니다. 죽기를 각오한 한나라 군사들의 전투력은 참으로 놀라웠습니다. 조나라 군대는 10배의 병력으로도 한나라 군대를 이기지 못했습니다. 한나라 군대와 조나라 군대가 싸우는 틈을 타 산에 숨어 있던 한나라 2,000명의 군사는 조나라 성안으로 들어가 조나라 기를 모두 뽑아버리고, 한나라의 붉은 기를 꽂았습니다.

조나라 군대는 한신을 사로잡으려고 하였으나 그게 힘들어지자 성안으로 돌아가려고 하였습니다. 그런데 성 안은 온통 한나라의 붉은 깃발로 가득했습니다. 크게 놀란 조나라 군사들은 한나라 군대가 조나라 장수들을 사로잡았다고 생각하고는 우왕좌왕하며 도망치기 시작했습니다. 조나라 장수들이 달아나지 말라고 소리쳐도 들은 척도 안 하고 달아나기에 급급했습니다,

한신이 이끄는 한나라 군대는 조나라 군대를 크게 무찌르고 병사들을 사로잡고, 진여는 목을 베었으며, 이좌거는 사로잡았습니다. 병사가 그를 잡아오자 한신은 그를 풀어주고 예로써 대했습니다. 그

때 장수들은 한신에게 말했습니다.

"장군, 병법에는 산과 언덕을 오른쪽으로 등지고 물과 못을 앞으로 하여 왼쪽에 두라고 하였는데, 장군께서는 저희에게 물을 등지게 진을 치라고 한 뒤 '조나라를 무찌르고 다 같이 모여 배불리 먹자'고 하기에 마음으로 받아들이지 않았습니다. 그런데 이처럼 승리를 했는데 이것은 무슨 전술입니까?"

"이 또한 병법에 있는 것으로 그대들이 제대로 살피지 못한 까닭이네. 병법에 죽을 곳에 빠트린 뒤라야 살릴 수 있고, 망할 곳에 둔 뒤라야 비로소 멸망하지 않을 수 있다는 말이 있질 않은가. 우리 군대는 내가 평소 훈련시켜온 정예부대가 아니네. 마치 시장 사람들을 데리고 와서 싸우게 한 것과 같네. 이런 형국이기에 이들을 저마다 죽을 땅에 두어 저마다 자신을 위해 싸우게 하지 않고 살 수 있는 곳에 두었다면 모두 달아났을 텐데, 어떻게 이들을 쓸 수 있었겠나."

한신의 말에 장수들은 훌륭한 계책이라며 감탄하였습니다. 한신이 쓴 배수지진은 죽기를 다하여 싸우면 적은 수의 군사로도 능히 많은 수의 적의 군대를 이길 수 있다는 것을 증명해보인 병법이라고 할 수 있습니다. 그랬기에 2만의 군대로 10배나 되는 조나라 20만 군대를 이길 수 있었던 것입니다. 한신이 배수지진 전략으로 조나라를 이길 수 있었던 것은 사지死地에서는 장수와 병사들이 죽기를 다해 싸웠기 때문입니다. 이에 대해 손자는 다음과 같이 말했습니다.

병사들은 최악의 궁지에 빠지면 공포심을 잊게 되며,

도망갈 길이 없다고 생각이 들면 결사의 각오가 굳어지게 된다.
적지 깊숙이 진입할수록 병사들이 단결되고, 전투에 임해서는
결사적으로 싸우게 된다. 이런 병사들은 훈련을 하지 않아도
병사 스스로 경계할 줄 알며, 격려해주지 않아도 최선의 노력을 다한다.
상호간에 약속이 없어도 친밀하게 협력할 것이며,
군령이 내려지지 않아도 군기를 지킬 줄 알게 된다.
병사들 간에 미신을 타파하고 유언비어를 금지시키면,
죽음에 이르러서도 물러서지 않는다.

兵士甚陷則不懼 無所往則固 入深則拘 不得已則鬪
是故基兵不修而戒 不求而得 不約而親 不令而信 禁祥去疑 至死無所之
병사심함즉불구 무소왕즉고 입심즉구 부득이즉투
시고기병불수이계 불구이득 불약이친 불령이신 금상거의 지사무소지

손자의 말에서 보듯 사지死地는 한 순간에 생사가 오락가락하는
죽음의 땅입니다. 이런 곳에서 생즉사 사즉생生卽死 死卽生 즉, 살고자
하면 죽고 죽고자 하면 살게 되는 것입니다. 전쟁이란 사느냐 죽느
냐, 생사가 달린 긴박한 사건입니다. 그런 까닭에 살기 위해서는 반
드시 이겨야 하는 것입니다.

삶과의 전쟁에서 이기는 임전무퇴의 지략

*

1992년 스페인 바로셀로나 올림픽 여자 100미터 금메달리스트인 미국의 게일 디버스. 그녀는 매우 심한 갑상선암을 앓고 있었습니다. 그로인해 그녀의 얼굴은 물론 육상선수에게는 생명과도 같은 다리가 퉁퉁 부어 걷는 것조차도 불편함을 느꼈습니다.

"지금 이 상태로 운동을 한다는 것은 자살행위와도 같으니, 당장 그만 두세요. 그리고 꾸준히 치료받기 바랍니다."

"아니요, 선생님. 전 할 수 있어요."

"디버스, 자칫하면 다리를 절단할 수 있는 상황이 벌어질지도 몰라요."

의사는 측은한 눈빛으로 말했습니다.

"설령 그런 일이 벌어진다 해도 나는 포기할 수 없어요."

디버스는 이렇게 말하며 입술을 깨물었습니다. 그녀가 운동을 계속 해야 할지의 여부를 가리기 위해 진료 후 의사는 그녀가 납득할 수 있도록 말했지만 디버스는 더는 말없이 자리에서 일어나 진료실을 나왔습니다.

'내가 운동을 할 수 없다니, 이건 말도 안 되는 일이야. 운동을 못한다면 나는 더 이상 내가 아니다.'

디버스는 속으로 이렇게 말하며 두 주먹을 불끈 쥐었습니다. 그녀의 검진결과를 통보받고 고심에 고심을 거듭하던 코치는 그녀를 불러서 건강을 위해 운동을 포기하라며 조심스럽게 말했습니다. 하지만 디버스는 코치와는 달리 미소를 지며 말했습니다.

"코치님, 검진결과 전이나 후나 달라진 건 아무것도 없습니다. 나는 괜찮습니다. 나는 아무렇지도 않아요. 그러니 지금 그 말은 안 들은 걸로 할게요."

디버스의 말을 듣고 코치는 고개를 좌우로 흔들며 말했습니다.

"디버스, 네 의지는 가상하지만, 이것은 어디까지나 현실이야. 현실을 피해갈 수는 없어."

"아니요. 나는 충분히 피해갈 수 있어요. 그러니 더 이상 그런 말은 하지 마세요."

디버스는 코치를 향해 다시 한 번 자신의 굳은 의지를 내보였습니다. 그녀의 말에 코치는 더 이상 말하지 않았습니다. 지금 이 상황에서 말한다는 것은 오히려 그녀의 감정을 격화시킬 것이라는 생각에서였습니다. 그날은 그렇게 지나갔습니다. 하지만 이 사실을 안 가족들도, 친구들도, 동료선수들도 디버스를 위로하며 포기를 종용하였습니다. 그러나 그러면 그럴수록 그녀의 마음은 더욱 뜨겁게 불타올랐습니다.

그러던 어느 날 마음을 굳힌 코치가 디버스에게 말했습니다.

"디버스, 미안하지만 이번 올림픽은 포기해. 이건 코치로서 명령이야."

"코치님, 코치님의 그 어떤 말도 제게는 아무 소용이 없습니다. 설령 내 다리를 절단하는 일이 있더라도 나는 그 누구도 미워하거나 원망하지 않을 겁니다. 이건 선수로서 조국과 나를 위해 반드시 해야 할 일이니까요. 그러니 운동을 하다 쓰러지더라도 나는 이를 영광스럽게 생각할 겁니다. 코치님, 이런 제 마음을 믿고 지켜봐주세요. 나는 내 선택이 옳았음을 반드시 증명해보이겠습니다."

디버스의 강인한 의지에 코치는 더 이상 말없이 고개를 끄덕였습니다. 그리고 그녀를 위해 열심히 운동을 지도하였습니다. 디버스는 너무도 힘들어 그 자리에 그대로 주저앉고 싶은 걸 꿋꿋하게 참아냈습니다. 그렇게 시간은 흘러갔고, 놀라운 일이 벌어졌습니다. 디버스의 몸상태는 놀라울 정도로 좋아졌습니다. 연습기록도 매우 좋아 지금 이대로라면 메달권 진입도 가능했습니다. 마침내 올림픽이 시작되었습니다. 디버스는 경기가 있는 날 거울에 비친 자신의 모습을 보고 스스로에게 다짐했습니다.

'디버스, 그동안 잘해줘서 고마워. 드디어 오늘이야. 내가 이 날을 얼마나 기다려 왔는지 알지? 나는 오늘 내 인생에 새로운 역사를 쓸 거야. 그것은 조국을 위해 내가 할 수 있는 최선의 일이니까. 나는 널 믿는다.'

디버스의 얼굴은 굳은 의지로 환하게 빛났습니다. 디버스는 예선과 준결승을 마치고 드디어 결승에 진출하였습니다. 결승 스타트라인에 선 디버스는 '나는 할 수 있다. 반드시 나와의 약속을 지켜서 내가 옳았음을 증명해보이겠다.'라며 스스로를 격려하였습니다.

'탕!'하는 소리와 함께 디버스는 앞을 향해 달려갔습니다. 그녀는 놀라운 속도로 질주하였습니다. 그녀를 바라보던 코치는 우승을 예감했습니다. 그리고 잠시 후 결승선을 제일 먼저 통과한 선수는 바로 디버스였습니다. 디버스는 코치에게로 달려갔습니다. 코치는 그녀를 안아주며 "디버스, 오늘 너는 최고였어. 네 선택이 옳았어. 고맙다."라고 말했습니다.

디버스는 기쁨의 눈물을 흘리며 자신을 믿어준 코치에게 감사함을 표했습니다. 디버스가 운동선수로서 최악의 상황에서도 굳은 의지로 금메달을 딴 것을 《손자병법》에 적용시킨다면, 그녀의 '삶의 지형'은 '사지死地'라고 할 수 있습니다. 운동선수에게 치명적인 갑상선암은 그녀의 삶을 패배로 만드는, 최악의 사지였던 것입니다. 하지만 그녀는 죽기를 각오한 끝에 삶의 사지를 이겨내고 승리할 수 있었습니다.

사지와 같은 삶의 지형에서 벗어나기 위해서는 첫째, 어려운 일을 만났을 때 절대 포기 하지 말고 죽을힘을 다해 나가야 합니다. 죽을 것을 각오하고 굳은 의지로 악착같이 하면 해낼 수 있습니다. 둘째, 한 번 시작한 일은 잘 살펴서 하되 임전무퇴의 정신으로 해야 합니다. 셋째, 실패를 했을 때 좌절하지 말고 악착같이 딛고 일어서야 합니다. 그래야 후회하지 않는 내가 될 수 있습니다.

그렇습니다. 50대는 보다 더 삶을 신중하고 긍정적으로 살아야 합니다. 또한 경계해야 할 것은 절대 후회하는 일을 만들지 말아야 합니다. 그것은 자신과 가족을 불행하게 하는 삶의 '사지'에 빠지는 일입니다. 이를 철저하게 경계하며 살아야 탄력적이고 행복한 '인생 2막'을 살아가게 될 것입니다.

제12부

화공편 | 火攻篇

불같이 뜨겁고 치열하게 나를 살기

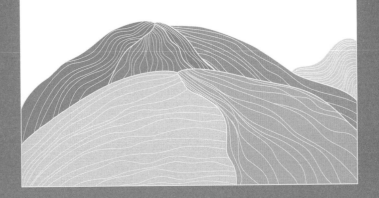

01

불같이 뜨겁고 치열하게 나를 살기	

손자는 말했다. 화공에는 다섯 가지 방법이 있나니
첫째, 화인 둘째, 화적 셋째, 화치 넷째, 화고 다섯째 화대이다.

*

孫子曰 凡火攻有伍 一曰火人 二曰火積 三曰火輜 四曰火庫 伍曰火隊
손자왈 범화공유오 일왈화인 이왈화적 삼왈화치 사왈화고 오왈화대

다섯 가지 화공유형과 상황에 따른 다섯 가지 화공방법

*

옛날에 전쟁을 하는 수단은 주로 칼과 활과 창이 주류를 이루고, 화약이 발명된 뒤로는 소총, 화포火砲 등이 있었습니다. 그리고 화공火攻과 수공水攻 등이 지형적인 상황에 따라 주요 전쟁수단으로 이용되었습니다. 그런 까닭에 칼도, 활도, 창도 그 종류가 아주 다양했습니다. 그리고 소총이나 화포도 진화를 거듭했습니다. 전쟁에서 이기려면 전략도 중요하지만, 전쟁도구가 적군보다 우수해야 합니다. 그래서 더 좋은 무기를 만들기 위해 노력했습니다. 그런 가운데 화공과 수공은 필요에 따라 잘만 이용하면 적군을 무찌르는 데 큰 힘이 되

었던 것입니다. 손자는 화공에 대해 그 중요성을 인지하고 《손자병법》에서 다음과 같이 말했습니다.

손자는 말했다. 화공에는 다섯 가지 방법이 있다. 첫째, 화인 둘째, 화적 셋째, 화치 넷째, 화고 다섯째, 화대이다. 화인은 적군의 막사를 불태워 인마를 살상하는 것이다. 화적은 적의 군량을 보관해둔 곳을 불태우는 것이다. 셋째, 화치는 군수품을 불태우는 것이다. 넷째, 화고는 적의 무기고를 불태우는 것이다. 다섯째, 화대는 적의 부대 또는 운송수단 등을 불태우는 것이다.

화공을 하려면 일정한 조건이 갖추어져야 하며, 공격대상에 따라 적절한 발화도구를 확보해두어야 한다. 화공에는 적절한 때와 적절한 날짜가 있다. 화공의 적절한 때란 건조한 시기를 가리킨다. 화공에 적절한 날짜란 달의 운행이 기성, 벽성, 익성, 진성의 네 별자리 중의 하나에 위치하는 날로, 이때 바람이 일 가능성이 있기 때문이다.

孫子曰 凡火攻有五 一曰火人 二曰火積 三曰火輜 四曰火庫 五曰火隊
行火必有因 煙火必素具 發火有時 起火有日 時者天之操也
日者宿在箕壁翼軫也 凡此四宿者 風起之日也

손자왈 범화공유오 일왈화인 이왈화적 삼왈화치 사왈화고 오왈화대
행화필유인 연화필소구 발화유시 기화유일 시자천지조야

일자숙재기벽익진야 범차사숙자 풍기지일야

손자의 말에서 보듯 화공은 유형에 따라 다섯 가지가 있다는 것을 알 수 있습니다. 화공의 대상이 되는 곳을 효과적으로 공격해야만 적에게 큰 타격을 줌으로써 이길 수 있기 때문입니다. 또한 화공을 할 때도 무시로 하는 것이 아니라, 시기를 잘 맞춰서 해야 한다는 것을 알 수 있습니다. 그 시기는 건조할 때가 좋습니다. 건조해야 불이 잘 타기 때문입니다. 그리고 바람이 부는 방향을 잘 맞춰서 해야 합니다. 즉 기류를 잘 타야 공격하는데 효과를 거둘 수 있기 때문입니다. 이렇듯 화공은 전쟁에서 때와 상황에 맞게 잘 이용한다면 큰 힘을 발휘하는 중요한 수단인 것입니다.

화공을 할 때는 이 다섯 가지를 사용 하되, 상황의 변화에 곧바로 응해 임기응변하여야 한다. 첫째, 적진의 내부에서 불이 일어나면 즉각 외부에서 대응해야 한다. 둘째, 적진에 불이 일어났는데도 적이 조용히 침착하게 있으면, 외부에서 조급하게 공격하지 말고 상황을 지켜봐야 한다. 화력이 강해졌을 때 공격이 가능한 상황이면 공격하며, 공격이 불가능한 상황이면 공격을 포기해야 한다. 셋째, 화공은 적진의 외부에서도 가할 수도 있다. 적진 내부에서의 호응을 기다리지 말고, 화공의 시기와 조건이 되면 불을 지르는 것이다. 넷째, 불은 바람이 불어오는 쪽을 등지고 놓아야 하는 법, 즉 바람이 적을 향해 불 때 공격해야 한다. 다섯째, 낮바람은 오래 불고 밤바람은 짧게 불었다가 그친다. 그런 까닭에 밤에 바람이 잔잔해질 때 공격해야 한다. 모름지기 군이란 반드시 이 다섯 가지 화공 변화를 숙지하여 운용해야 한다. 그리고 반드시 화공 시기와 조건이 갖추어 질 때에만 실시해야 한다. 그런 까닭에 불에 의한 화공은 공격의 보조수단으로서 그 효과가 크다. 물에 의한 수공도 공격의 보조수단으로서 그 위력이 크다. 수공은 적군을 끊어버릴 수 있지만, 화공처럼 적의 물자와 장비를 빼앗지는 못한다.

凡火攻 必因五火之變而應之 火發於內 則早應之於外 火發而基兵靜者
待而勿攻 極基火力 加從而從之 不可從而止 火可發於外 無待於內
以時發之 火發上風 無攻下風 晝風久 夜風止 凡軍必知有五火之變 以數守之
故以火佐攻者明 以水佐攻者强 水可以絶 不可以奪
범화공 필인오화지변이응지 화발어내 즉조응지어외 화발이기병정자
대이물공 극기화력 가종이종지 불가종이지 화가발어외 무대어내
이시발지 화발상풍 무공하풍 주풍구 야풍지 범군필지유오화지변 이수수지
고이화좌공자명 이수좌공자강 수가이절 불가이탈

손자의 말에서 보듯 불로 공격할 때는 바람의 세기, 바람이 부는 방향 그리고 상황에 따라 공격에 임해야 한다는 것을 알 수 있습니다. 모든 것이 다 그렇듯이 전쟁에서의 '상황'은 매우 중요합니다. 그 상황에 따라 그에 맞게 대응해야 하기 때문입니다. 가령, 화공으로 공격했을 때 적군의 반응에 따라 공격을 할 것이냐, 아니면 말아야 할 것이냐, 그도 아니면 좀 더 지켜보고 공격여부를 결정해야 합니

다. 그저 무턱대고 공격을 했다가는 역습을 당할 수도 있기 때문입니다. 그리고 화공을 하는 데 있어 바람의 영향이 크므로 시기와 조건이 되었을 때 공격해야 합니다. 그래야 효과적으로 공격을 가함으로써 적을 물리칠 수 있는 것입니다. 또한 화공이나 수공 모두 적에게 큰 타격을 주는 것은 사실이지만, 수공은 적의 모든 것을 빼앗지는 못합니다. 그러나 화공은 적의 모든 것을 불태우고 소멸시킬 수 있습니다. 그런 까닭에 전쟁에서 화공은 반드시 필요한 공격수단이라고 할 수 있습니다.

우리가 살아가는 삶도 치열한 전쟁터입니다. 누군가가 내 것을 노리고 빼앗아갈 수도 있고, 나의 몫을 가로챌 수도 있기 때문에 치열하게 나를 살지 않으면 내가 바라는 것을 손에 쥘 수 없습니다. 내가 잘 되기 위해서는 외부적과의 경쟁에서 밀리지 말아야 합니다. 그렇다고 남에게 해악을 끼치는 것은 절대 금물입니다. 그것은 온당하지 못한 방법이기 때문이니까요. 자신이 하는 일을 방해하는 적은 외부에도 있지만, 자신의 내부에도 있습니다. 즉, 나태함, 게으름, 무지함, 인내와 끈기가 약한 것, 대충하려는 것 등은 자신의 삶을 방해하는 적입니다.

이런 내부의 적이 외부의 적보다 더 무섭습니다. 그래서 이런 적들을 가차 없이 격멸시켜야 합니다. 그래야 뜨겁게 자신이 하는 일에 정진할 수 있습니다. 이처럼 나를 방해하는 외부의 적과 내부의 적으로부터 튼튼하게 자신을 지켜내기 위해서는 불처럼 뜨겁게 자신을 사랑하고, 내일 죽을 듯이 치열하게 열정을 바쳐야 합니다. 이렇듯 국가 간의 전쟁이든 삶과의 전쟁이든 전쟁은 나를 방해하는 공통점을 지닌 적인 것입니다. 그런 까닭에 적을 이겨내는 자만이 원하는 것을 얻게 되는 것입니다.

불처럼 뜨겁게 적을 공략하기

*

촉나라의 제갈공명과 위나라의 전략가 사마의 간에 전투가 벌어졌습니다. 사마의는 지구전을 펼치며 제갈공명의 허점이 드러나면 공격하려는 전략을 펼쳤습니다. 그러나 제갈공명은 군대 안에서 농사짓는 둔전제를 실시하고, 호로곡에 병참기지를 세워놓았다는 거짓 소문을 퍼트렸습니다.

"제갈공명이 그처럼 할 줄은 내 미처 몰랐구나."

이 소식을 들은 사마의는 은근히 걱정이 되어 초조해 했습니다. 적의 군량이 충분해졌으며, 병참기지까지 탄탄히 해놓아 적을 막을 수 있을지 걱정이 되었기 때문입니다. 하지만 그렇다고 해서 그대로만 있을 수가 없었습니다. 사마의는 군대를 이끌고 호로곡으로 갔습니다. 이때 사마의의 장수들이 혹시라도 제갈공명이 계곡에 군사들을 매복시켜 두었을 거라며, 이대로 가면 틀림없이 함정에 빠질 수 있으니 재고하는 것이 좋겠다고 말했습니다. 하지만 사마의는 호통을 치며 말했습니다.

"제갈공명은 그대들이 그렇게 생각할 것을 이미 짐작했을 것이다. 매복은 하지 않았을 것이니 걱정할 필요는 없다."

사마의는 이렇게 말하며 40만 대군을 이끌고 호로곡으로 갔습니다. 그 시각 제갈공명은 호로곡 안에 지뢰를 잔뜩 묻어놓고 사마의가 오길 기다리고 있었습니다. 사마의의 추측이 완전히 빗나가고 만 것입니다. 그런데 사마의는 호로곡에 이르러서야 자신이 속았다는 것을 알았습니다. 그리고는 퇴각명령을 내렸습니다. 그러나 이미 때는 늦었습니다. 그가 명령을 내리는 순간 온 사방에서 불화살이 날아왔습니다.

"불화살이다!"

"불화살이 온 사방에서 날아온다. 어서 파하자!"

위나라 군사들은 서로에게 소리치며 이리저리로 흩어졌습니다. 여기저기서 펑펑 지뢰가 터지며 순식간에 아비규환이 되었습니다. 촉한 군사들은 놀라서 이리저리 흩어지는 위나라 군사들을 공격했습니다. 호로곡엔 쓰러진 위나라 군사들로 가득 넘쳐났습니다. 사마의가 이끄는 40만 대군은 완전 무너져 내렸습니다. 전쟁은 촉한의 승리로 끝났습니다.

이처럼 화공은 전쟁에서 공격의 보조수단으로서 그 효과가 아주 큽니다. 물론 물에 의한 수공도 공격의 보조수단으로서 그 위력이 큽니다. 하지만 수공은 적군을 끊어버릴 수는 있지만, 화공처럼 적의 물자와 장비를 빼앗지는 못합니다. 그렇습니다. 화공은 전략에 맞게 잘 이용하면 전쟁에 미치는 영향이 매우 크기 때문에, 이를 잘 이용한다는 것은 전쟁에서 이길 승산을 높이는 것입니다.

불같이 뜨겁고 치열하게 나를 살기

*

현대무용의 개척자, 현대무용의 여신 이사도라 던컨. 그녀는 미국출신으로 어린 시절 음악 교사였던 어머니로부터, 음악의 기초와 발레를 배웠으며, 18살 때인 1897년 델리단원으로 영국으로 건너가 발레수업을 받았습니다. 그후 뉴욕으로 돌아와 다시 발레수업을 받았습니다. 이사도라 던컨은 무용을 잘한 것 못지않게 개성과 주관이 뚜렷해서 무용복을 만들 때도 옷감 선택은 물론, 의상제작 등에 세밀하게 신경을 썼습니다. 또한 그녀는 정통무용복보다는 무용의 성격에 따라, 파격적인 무용복을 즐겨 입었습니다.

그 예로 1899년 시카고에서 무용을 발표할 때 그녀는 반라에 가까운 차림으로 무대에 섰습니다. 그녀의 모습을 본 관객들은 놀라움을 감추지 못했지만, 그녀에 대해 강렬한 인상을 받았습니다. 그녀의 파격적인 행보에 많은 사람들은 놀라워하면서도 그녀의 미래를 예의주시하였습니다. 그만큼 그녀는 많은 사람들의 관심을 끌만큼 독보적이었습니다.

"나는 우물 안 개구리가 되어서는 안 된다. 나에겐 더 큰 무대가

필요해. 그러기엔 미국은 너무 좁아. 가자, 내 꿈을 펼칠 수 있는 곳이라면 어디든지…….'

이사도라 던컨은 자신의 뜻을 좀 더 펼쳐 보이기 위해 유럽으로 갔습니다. 그녀는 파리에서 새로운 무용을 발표했는데, 지금과는 다른 개성의 발레를 보여주었습니다. 역시 관객들의 반응은 뜨거웠습니다.

"참으로 멋지고 새로운 발레지?"

"그래. 역시 소문대로야."

그녀의 무용을 본 사람들은 하나같이 극찬했습니다. 유럽 국가 중 독일이 가장 그녀에게 열렬한 관심을 보여주었습니다. 그녀가 택한 새로운 무용 스타일은 기존 무용에 대한 거부며 새로움을 추구하는 도전이었습니다. 그리고 그녀가 시도한 발레의 대중화 운동은 발레 역사에서 하나의 혁신이었습니다.

"발레는 일부 사람들만 즐기는 무용이 아니다. 발레는 누구나 즐겨야 한다. 그것이 내가 생각하는 발레다."

그녀의 말에서도 발레에 대한 그녀의 철학을 잘 알 수 있습니다. 이사도라 던컨에게 고무된 사람들은 그녀가 하는 일에 열렬한 지지와 아낌없는 사랑과 관심을 보내주었습니다. 그녀가 전개한 발레운동을 신무용이라고 불렀습니다. 그녀가 시도하고 보급한 신무용은, 기존 발레를 한층 업그레이드 하며 신선한 바람을 일으켰던 것이지요. 한 마디로 이사도라 덩컨은 새로운 발레의 개척자였습니다. 그녀가 세계 발레의 역사에서 영원한 전설이 될 수 있었던 것은, 기존의 것을 보다 새로운 것으로 이끌어낸 창조적이고 도전적인 마인드를 가졌기 때문입니다.

이사도라 덩컨이 성공할 수 있었던 삶의 전략은 첫째, 늘 새로운 것에 대해 관심을 가졌으며 열심히 공부했습니다. 둘째, 나는 할 수 없어, 라는 부정적인 생각은 그녀의 사전에 없었습니다. 셋째, 자신 스스로가 자신을 주도적으로 이끌었습니다. 넷째, 자기혁신을 통해 발전적인 삶을 사는 창조적인 사람들과 소통했습니다.

이사도라 덩컨은 이 네 가지 방법을 통해 자기주도적이고, 자기혁신적인 인생이 될 수 있었습니다. 또 그렇게 됨으로써 자신의 의지대로, 자신을 이끌며 삶을 즐기며 살았던 것입니다. 이처럼 이사도라 덩컨은 화공으로 적의 모든 것을 불태워버리듯이 불같이 뜨겁게 자신만의 삶을 살았습니다. 그랬기에 그녀는 현대무용의 개척자이자 현대무용의 여제가 될 수 있었습니다.

인류 역사에 자신의 이름 석 자를 확실하게 남기며, 평생을 불같이 뜨겁게 살다간 또 한 사람. 그는 20세기 최고의 화가로 평가받는 파블로 피카소입니다. 5척의 단신에서 뿜어져 나오는 뜨거운 에너지의 열기로 가득한 그의 모습엔, 끼가 넘쳐흐르다 못해 강물처럼 도도하고도 아주 의연하게 흘러갑니다.

피카소는 1881년 스페인 말라가에서 미술 교사인 아버지의 미술적 재능을 갖고 태어났습니다. 그는 아버지지가 그림 작업을 할 때면, 항상 그 모습을 뚫어지게 바라보았지요. 어린 피카소의 진지한 표정엔 알 수 없는, 불꽃 같은 끼가 느껴질 정도였다고 합니다.

피카소의 나이 14살 때 바르셀로나로 이사를 했는데, 이때부터 미술학교에 들어가 본격적인 미술을 공부하였습니다. 그는 그림 공부를 하면서 새로운 미술 세계에 매우 관심이 많았습니다. 그 당시 바르셀로나에 들어와 있던 프랑스와 북유럽의 미술화풍에 많은 자극을 받았는데, 특히 르누아르와 툴루즈 로트레크, 뭉크 등의 화법에 매료되어 그들의 화풍을 습득하는 데 열중하였습니다.

피카소는 넘쳐나는 지적호기심으로 미술을 보다 더 깊이 체계적으로 배우기 위해 마드리드로 갔습니다. 마드리드로 간 피카소는 왕립미술학교에 들어가 공부했습니다. 그후 바르셀로나에서 첫 개인전을 열며 화가로서의 출발을 알렸습니다. 그는 1900년에 처음으로 예술의 중심인 프랑스 파리로 갔습니다. 파리의 방문은 그에게 미술에 대한 열정을 더 한 층 증폭시켰습니다. 이후 피카소는 또 다시 파리를 방문하여 몽마르트를 중심으로 자유롭게 작품활동을 하는, 젊은 보헤미안의 세계에 들어가 자신의 미술세계를 펼쳐나갔습니다. 피카소는 고갱과 고흐의 영향도 많이 받았는데, 청색이 주조를 이루는 이른바 '청색시대'에 들어가 그림 작업에 몰두하였습니다.

피카소는 청색 색조에서 도색 색조로 작품성향을 바꾸면서, 중세 조각이나 화가 고야가 지니는 단순화와 엄격성에 몰두했습니다. 그리고 1905년 아폴리네르와 교류하고, 1906년에는 정물화의 대가 마티스와 교류를 가지면서 지속적으로 공부하였습니다. 그러나 그의 그림은 세잔의 화풍을 따라 점점 단순화되었습니다. 1907년 그의 최대 작품으로 평가받는 〈아비뇽의 처녀들〉에 이르러서는 아프리카 흑인 조각의 영향을 많이 나타내고, 어떤 형태에 대한 분석이 구체화되기 시작하며 자신의 빛깔을 찾는 일에 한층 더 열정적인 탐구의욕을 불살라 나갔습니다. 피카소가 뛰어난 재능에도 한시도 멈추지 않고 열정의 끈을 놓지 않은 것은 지적호기심이 뛰어났기 때문입니다.

피카소는 브라크를 만나 본격적인 입체파 운동을 벌이며, 1909년에는 '분석적 입체파'를 그리고 1912년에는 '종합적 입체파'시대에 들어갔습니다. 그러는 동안 피카소는 20세기 회화의 최고 거장으로 자리매김하였습니다. 그의 미술활동은 다양하게 시도되었는데, 1915년엔 〈볼라르상〉과 같은 사실적인 초상화를 그리고, 1920년부터는 〈세 악사〉등의 신고전주의를, 1925년에는 제1회 '쉬르레알리즘전'에 참가하였습니다.

또한 투우도 그리고 판화도 했으며, 전쟁의 비극과 잔학상을 표현한 벽화 〈게르니카〉를 그렸습니다. 그리고 이때 그만의 표현주의로 불리는 기이한 표현법도 나타났습니다. 피카소의 다양한 예술적 변신은 한 곳에 머무르지 않고 지속적으로 시도되었는데, 그 분야를 살펴보면 도자기를 굽고, 석판화를 제작했으며, 한국전쟁을 테마로 한 〈한국에서의 학살〉과 〈전쟁과 평화〉 등을 제작하여 현대미술의 리더로서 자신의 실력을 유감없이 보여주었습니다.

피카소가 많은 화가들을 제치고 20세기의 최고의 화가로 자리매

김을 한 것은, 그의 끊이지 않은 다양한 창조적 예술행위와 그리고 새로운 변신을 시도할 때마다 그만의 개성을 유감없이 보여주었기 때문입니다. 그의 일거수일투족은 화단으로부터 늘 관심의 대상이었고, 그가 시도하는 작품은 언제나 센세이션을 불러일으켰습니다. 지금도 그의 작품은 가장 가격이 높은 것으로 정평이 나 있는데, 이는 그만큼 그의 작품이 독특하고 예술적 가치가 뛰어나다는 것을 의미합니다. 피카소는 예술적 혼을 맘껏 펼친 20세기의 최고의 화가라는 데는 어느 누구도 이의를 제기하지 않습니다. 그만큼 그는 독보적인 존재였습니다.

피카소가 20세기 최고의 화가가 될 수 있었던 비결은 첫째, 끊이지 않은 다양한 미술적 실험정신입니다. 그는 끊이지 않은 다양한 미술적 시도를 했으며, 한 곳에 안주하기보다는 새로운 것을 찾아 늘, 창조적인 열정을 기울였습니다. 둘째, 생각을 실천으로 옮기는 능동적이고 활달한 작품 활동에 있습니다. 피카소는 진정한 예술적 가치는 늘 변화하는 데 있다고 믿고, 자신의 생각을 적극 실천으로 옮긴 행동하는 미술가였습니다. 셋째, 남의 것을 내 것으로 새롭게 재창조하였습니다. 피카소는 자신의 것을 지키면서도 남의 것을 받아들여, 내 것으로 만드는 예술적 재창조에 발군의 실력을 보였습니다. 이처럼 피카소가 자신의 창작세계를 단단하게 구축할 수 있었던 것은 새로운 생각, 새로운 시도, 새로운 가치 창조에 있습니다.

이사도라 던컨과 피카소의 삶을 《손자병법》〈화공편〉의 관점에서 본다면 '고이화좌공자명 이수좌공자강 수가이절 불가이탈故以火

佐攻者明 以水佐攻者强 水可以絶 不可以奪'이라고 할 수 있습니다. 화공으로 적의 모든 것을 불태워버리듯이 자신의 삶의 적을 물리치고, 인생을 뜨겁게 살았던 이시도라 던컨과 피카소는 자신의 삶과의 전쟁에서 승리한 최고의 인생이었습니다. 여기서 한 가지 분명히 할 것은 이들은 나이가 들어갈수록 더욱 자신을 치열하게 살았다는 것입니다. 이사도라 던컨은 50년을 사는 동안 하루도 자신을 게을리하지 않았고 눈을 감는 날까지도 발레를 위해 일했습니다. 그리고 피카소는 93세 때 눈을 감는 그 순간까지도 손에서 붓을 놓지 않았습니다.

나이는 숫자에 불과하다는 것을 증명해보인 이들처럼 자신을 불같이 뜨겁게 살기 위해서는 첫째, 나이를 잊어야 합니다. 나이는 숫자에 불과한 것입니다. 가슴 속에 뜨거운 희망을 품고, 열기가 식지 않도록 자신을 청춘으로 사는 것입니다. 생각이 젊으면 몸 또한 젊어지니까요. 둘째, 자신이 배우고 싶은 것은 무엇이든 배워야 합니다. 배워서 스스로를 행복하게 하고, 남도 주면서 즐겁게 살면 참된 보람을 느끼게 될 것입니다. 셋째, 생각을 언제나 긍정의 채널에 맞추고, 능동적으로 행동해야 합니다. 그렇게 할 때 뜨거운 에너지가 솟아납니다. 생각은 긍정적인데 행동이 따르지 않으면 아무것도 할 수 없습니다.

그렇습니다. 100세 인생이라는 요즘시대에서 보자면, 50대란 청춘입니다. 마음만 먹으면 무엇이든 할 수 있습니다. 내일 죽을 듯이 오늘을 사는 50대가 되어야 합니다. 그것이야말로 스스로를 복되게 하는 일이자, 남은 인생을 생산적으로 사는 최선의 행복인 것입니다.

제13부

용간편 | 用間篇

사람이 곧 정보의 보고寶庫이다

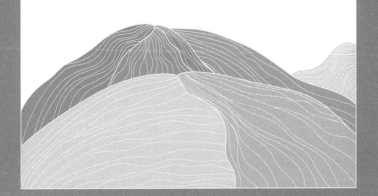

사람이 곧 정보의 보고이다

반드시 사람을 취해서 적의 정세를 알아내는 것이다.

＊

必取於人 知敵之情者也
필취어인 지적지정자야

사람이 곧 정보의 보고이다

＊

현대를 정보화 시대라고 합니다. 일상생활의 모든 것이 정보 속에서 이뤄집니다. 누가 더 많은 정보를 그리고 더 정확한 정보를 갖고 있느냐에 따라 성패가 갈린다고 해도 과언이 아닙니다. 그만큼 정보는 중요하기 때문입니다. 정보화의 전쟁이라는 말은 그래서 설득력을 갖습니다. 이렇듯 개인과 개인, 기업과 기업, 사화와 사회 간에도 이럴진대 국가 간에는 매우 중요하고도 예민하게 작용하는 것이 정보인 것입니다. 그런 까닭에 각국마다 정보를 얻기 위해서 첩자를 파견하고, 첩자들은 자신의 국가를 위해 목숨을 걸고 정보를 수집합니다. 정보가 많으면 많을 수록 국가적으로는 큰 자산과도 같습니다.

정보를 이용해 경쟁관계에 있는 국가나 또는 적대 국가를 앞서는 데 큰 도움이 되기 때문입니다. 특히 정보는 정확해야 하며, 그래야만 정보로서 가치를 인정받습니다. 그만큼 정확한 정보는 국가자산과도 같은 것입니다. 또 정확한 정보는 그 어떤 무기보다도 강력한 파괴력을 지니기 때문입니다.

정보를 많이 확보한다는 것은 국가적으로 볼 땐 국력을 높이는 일이며, 지피지기 백전불태知彼知己 百戰不殆라는 말이 있듯, 상대국에 대해 많이 알면 알수록 백번을 싸워도 위태롭지 않습니다. 국가 간에 더 많은 정보를 가진 나라가 이기는 것은 당연합니다. 게다가 정확한 정보만 있으면 큰 힘을 들이기 않고도 상대국을 제압할 수 있습니다. 그런 까닭에 고대시대는 물론 그 어느 시대에도 정보는 소중히 다뤄진 전략 중의 전략의 주체였습니다.

손자는《손자병법》〈용간편〉에서 다음과 같이 말했습니다.

그러므로 밝은 군주와 현명한 장수가 군대를 움직여 적을 이기고,

무리 중에서 공을 이루는 것은 먼저 알았기 때문이다.

먼저 안다는 것은 귀신에게서 취할 수 있는 것도 아니며,

일에서 추측할 수도 없고, 법도에 의해서 시험해볼 수 있는 것도 아니다.

반드시 사람을 취해서 적의 정세를 알아내는 것이다.

故明君賢將 所以動而勝人 成功出於衆者 先知也

先知者 不可取於鬼神 不可象於事 不可驗於度 必取於人 知敵之情者也

고명군현장 소이동이승인 성공출어중자 선지야
선지자 불가취어귀신 불가상어사 불가험어도 필취어인 지적지정자야

손자의 말에서 보듯 현명한 군주와 지혜로운 장수는 군대를 움직여 적을 이기고, 사람들 중에서 공을 세우는 것은 정보를 통해 적의 정세에 대해 먼저 알았기 때문입니다. 이처럼 정보를 먼저 안다는 것은 매우 중요합니다. 그것은 정보를 통해 먼저 적의 동태를 면밀히 꿰뚫어 볼 수 있기 때문에 적의 상황에 맞게 전략을 세워 공격함으로써 승리를 할 수 있기 때문입니다.

그런데 먼저 정보를 안다는 것은 귀신에게도 아니고, 지나간 일이나 현실에서 유추類推해서 알 수 있는 것도 아니며, 법도에 의해서 시험해 봄으로써 아는 것도 아닙니다. 반드시 사람을 통해서 적의 정세를 알아내는 것이 정보라는 것입니다. 그렇습니다. 고대 국가에서도 그랬으며 시대마다, 각 나라마다 첩자가 있습니다. 첩자는 위치에서 앞서는 데 있어 큰 역할을 합니다. 뛰어난 한 명의 첩자는 사단급보다도 큰 힘을 발휘합니다. 그만큼 첩자의 역할은 막중한 것입니다. 즉, 정보는 그만큼 중요하다는 것을 말합니다. 특히, 전쟁을 할 때 첩자의 역할은 매우 막중합니다. 첩자가 수집한 정보는 적을 이길 수 있는 전략을 세우는 데 있어 큰 도움이 됨으로써 위력을 발하여 적을 제압할 수 있기 때문입니다. 그런 까닭에 첩자를 어떻게 이용하느냐는 매우 중요합니다.

손자는 첩자를 이용하는 다섯 가지 유형에 대해 말했습니다.

첩자를 이용하는 방법으로는 다섯 가지가 있다. 향간鄕間, 내간內間, 반간反間, 사간死間, 생간生間이 그것이다. 오간을 모두 일으키면서도 그 움직이는 방법을 적이 알지 못하게 한다. 이를 신기라고 하며 군주된 자의 보배이다. 향간이란 그 지방 사람을 첩자로 이용하는 것이다. 내간이란 적국의 관리를 이용하는 것이다. 반간이란 적이 보낸 첩자를 역이용하는 것이다. 사간이란 밖에서 허위 사실을 꾸며 아군 첩자에게 알리고 다시 그것을 적에게 전하게 하는 것이다. 생간이란 적국에서 살아 돌아와서 알리는 것이다. 그런 까닭에 삼군의 일 가운데서 첩자보다 더 친한 것은 없고, 첩자에게 주는 것보다 후한 상은 없으며, 첩자의 일보다 비밀리에 해야 하는 일은 없다. 성현의 지혜가 없으면 첩자를 이용할 수 없고, 어질고 의롭지 않으면 첩자를 부릴 수 없다. 세심하고 치밀하지 않으면 첩자로부터 참된 정보를 얻을 수 없다. 첩자의 정보가 발표되지도 않았는데도 알려지게 되면 먼저 들은 자와 첩자 그리고 정보를 알려준 자 모두를 죽여야 한다.

故用間有五 有鄕間 有內間 有反間 有死間 有生間
五間俱起 莫知其道 是謂神紀 人君之寶也 鄕間者 因其鄕人而用之
內間者 因其官人而用之 反間者 因其敵間而用之
死間者 爲誑事於外 令吾間知之 而傳於敵間也 生間者 反報也
故三軍之事 莫親於間 賞莫厚於間 事莫密於間
非聖智不能用間 非仁義不能使間 非微妙不能得間之實
微哉微哉 無所不用間也 間事未發而先聞者 間與所告者皆死

고용간유오 유향간 유내간 유반간 유사간 유생간

오간구기 막지기도 시위신기 인군지보야 향간자 인기향인이용지

내간자 인기관인이용지 반간자 인기적간이용지

사간자 위광사어의 영오간지지 이전어적간야 생간자 반보야

고삼군지사 막친어간 상막후어간 사막밀어간

비성지불능용간 비인의불능사간 비미묘불능득간지실

미재미재 무소불용간야 간사미발이선문자 간여소고자개사

손자의 이 말에서 보듯 다섯 유형의 첩자가 있는데, 각각의 첩자를 상황에 맞게 잘 이용한다면 좋은 결과를 얻는다는 것을 알 수 있습니다. 그런 까닭에 첩자를 이용하는 것은 삼군의 일 중에서 더 친밀한 것이 없고, 첩자에게 내리는 상이야말로 가장 후한상이라는 걸 알 수 있습니다. 또한 성현처럼 지혜가 뛰어나야만이 첩자를 이용할 수 있으며, 어질고 의롭지 못해도 첩자를 부릴 수 없다는 것을 알 수 있습니다. 그리고 세심하고 치밀하지 않으면 첩자로부터 참된 정보를 얻지 못한다는 것을 알 수 있습니다. 또 첩자의 정보가 발표되지 않았는데도 그것이 알려지면 정보의 내용을 들은 자와 첩자와 정보를 알려준 사람 모두를 죽여야 한다는 것을 알 수 있습니다. 이는 그만큼 정보가 자국自國에 미치는 영향이 얼마나 막중한 일인지를 잘 알게 합니다. 정보유출로 인해 나라가 큰 타격을 입고 위태로울 수도 있기 때문입니다.

이처럼 첩자는 나라를 위해 매우 필요한 존재라는 것을 알 수 있

습니다. 그런 까닭에 각 나라마다 첩자를 이용하는 일에 깊은 관심과 지원을 아끼지 않는 것입니다. 정보가 그만큼 국가에 미치는 영향이 크기 때문입니다. 이는 비단 국가만의 일이 아닙니다. 각 개개인의 삶에도 정보는 매우 중요합니다. 다른 사람들보다 내가 먼저 정보를 알았을 때 삶을 유리하게 이끌어 갈 수 있기 때문입니다. 그런 까닭에 정보화가 인간관계에 미치는 영향은 실로 대단합니다. 자신이 원하는 사람의 마음을 사는 데 아주 효과적이기 때문이니까요. 상대가 필요로 하는 것을 제공해주면 상대는 그 고마움에 그와 함께해도 좋겠다는 생각을 하게 됩니다. 그리고 자신이 먼저 교류를 청합니다. 이처럼 정보를 많이 알고, 이를 효과적으로 이용하면 자신이 발전하는 데 큰 밑거름이 되어줍니다. 그렇습니다. 현대사회에서 정보는 자산과 같고, 능력과도 같은 것이기에 정보를 수집하고 지혜롭게 이용하는 것은 하나의 삶의 원칙과도 같은 것입니다.

첩자를 이용하여 적을 이기다

*

신라의 거칠부는 내물마립간 5대손으로 할아버지는 잉숙, 아버지는 이찬 물력으로 소집마립간의 장인입니다. 소지왕 8년에 이벌찬이 되어 국정을 총괄한 진골입니다. 그의 이름은 '황종' 또는 '가칠부지'라고 합니다. 거칠부는 영민하고 민첩하였으며 무예 또한 출중하여 문무를 겸비하였습니다. 그는 왕족의 자손답게 어려서부터 큰 뜻을 품고 승려가 되어 백제와 고구려 등을 다니며 그곳 사람들의 삶의 방식과 나라 구석구석을 살피며 견문을 넓혔습니다.

또한 그는 적국의 지세를 기록하고, 적국의 정치상황 등 정보가 될 만한 것은 모두 기록하였습니다. 그가 승려가 된 것은 포교를 위한 것이라기보다는 승려는 특정 종교인으로 다니기가 수월했던 까닭입니다. 신라로 돌아온 거칠부는 545년진흥왕 6년 왕명을 받고는 국사國史를 편찬하였습니다. 이 공로를 인정받아 그는 대아찬에서 파진찬신라 제17관등 중 4등급으로 승진하였습니다. 진흥왕은 신라의 영토를 확장하여 강국이 되는 꿈을 가지고 있었는데, 거칠부 또한 진흥왕과 같은 생각을 하고 있었습니다.

551년진흥왕 12년 거칠부는 대각간 구진, 각간 비태, 잡찬 탐지, 비서, 파진찬 노부, 서력부, 대아찬 비차부, 아찬 미진부 등 8명 장군을 이끌고 백제와 연합하여 죽령이북 10개 군을 점령하였습니다. 553년진흥왕 14년 7월에는 백제의 한강 유역을 침공하여 여러 성을 빼앗아 아찬 무력을 군주로 삼았습니다. 이로 인해 120년 동안이나 지속되어 온 나제동맹고구려의 남침을 막기 위해 433년 신라의 눌지왕과 백제의 비유왕 사이에 맺은 공수동맹은 깨어지고 말았습니다. 554년진흥왕 15년 백제성왕이 대가야와 연합하여 침공하자 관산성옥천에서 대승을 거두었습니다. 이로 인해 한강 하류지역에 대한 지배권을 확고히 하여 중국과 직접 교류를 할 수 있게 되어 삼국 중 가장 유리한 위치를 차지하게 되었습니다.

이후 신라는 비화가야창녕와 아라가야함안를 신라로 귀속시켰으며,

562년진흥왕 23년 대가야를 정벌함으로써 가야국은 전체가 신라로 귀속되었습니다. 신라는 가야와 백제 한강유역, 고구려영토인 지금의 함흥과 안변지역까지 영토를 넓혀 신라역사상 가장 넓은 영토를 차지하였습니다. 진흥왕이 죽고 뒤를 이은 진지왕은 거칠부를 상대등으로 임명하였습니다. 그로부터 3년 후 78살의 나이로 사망하였습니다.

거칠부는 문무를 겸비하였을 뿐만 아니라, 젊은 시절 백제와 고구려 등을 다니면서 많은 정보를 입수하여 활용한 정보전문가였습니다. 이렇듯 거칠부는 정보수집의 귀재였습니다. 그는 어린 시절부터 나라를 위해 살겠다고 스스로 다짐하였습니다. 그가 위험을 무릅쓰고 백제와 고구려에 잠입하여 정보수집에 나선 것은 나라를 위해 보탬이 되겠다는 강한 의지의 발로였던 것입니다. 거칠부는 자신의 생각대로 많은 정보를 수집하였고, 그것을 토대로 하여 전쟁을 할 때마다 승리할 수 있었습니다.

거칠부의 능력을 손자의 관점에서 본다면 '필취어인 지적지정자야必取於人 知敵之情者也' 즉, '반드시 사람을 취해서 적의 정세를 알아내는 것'과 같습니다. 그리고 다섯 가지 첩자의 이용에서 보면 생간生間이라고 할 수 있습니다. 그는 나라의 도움을 주고자 스스로 첩자가 되어 정보수집을 했기 때문입니다. 신라는 현명한 거칠부를 둠으로써 훗날 태종무열왕太宗武烈王 김춘추가 삼국을 통일하는 데 있어 기틀을 만들었다고 해도 과언이 아닙니다. 이처럼 정보를 잘 이용하면 최소한의 시간으로 최대의 효과를 낼 수 있습니다. 많이 아는 자

가 이긴다는 말은 지식만이 아니라, 정보 역시 마찬가지입니다. 정보
도 지식이기 때문입니다.

"어떤 일이든 구조는 같다. 필요한 정보와 기본적인 기능을 습득함으
로써 단지 '알고 있는' 상태를 넘어서서 '이해하는' 상태로 만들어 실
제 행동을 통해 일을 처리해나갈 때 비로소 지식을 갖추었다고 말할
수 있다. 바꿔 말하면 지식은 체계적인 것이며 체험을 통한 '실무'이
다. 어떤 회사 어떤 직종이든 정보와 지식에는 차이가 있고 그것이 일
의 질을 좌우한다."

이는 현대경영학의 아버지로 불리는 피터 드러커가 한 말로 설
득력을 지닙니다. 알고 있는 상태가 아니라 이해하는 상태가 되어야
실제 행동에, 그러니까 실제의 삶에 적용시키게 되기 때문입니다. 따
라서 정보는 삶의 실핏줄과 같습니다. 수많은 혈관이 막힘없이 돌아
갈 때 건강한 몸을 유지하듯, 수많은 정보들이 서로 공유할 때 건강
한 삶, 즉 보다 나은 삶을 살아가게 되는 것입니다.

정보화 시대를 사는 법 : 인적 네트워크를 구축하기
*

세계적인 통신사인 로이터통신의 창업자인 파울 율리우스는 독일

괴팅겐에서 삼촌이 경영하는 은행에서 근무하다 수학자이자 물리학자인 칼 프리드리히 가우스를 알게 됨으로써 통신에 대해 눈을 떴습니다. 그때 가우스는 전신에 대한 실험을 하고 있었는데, 이것이 통신의 근간이 되었습니다. 로이터는 베를린의 한 출판사에 입사한 후 1848년 파리로 갔습니다. 그는 그곳에서 논설기사를 쓰고 뉴스를 발췌하여 번역한 후 독일의 신문사에 보냈습니다.

그런데 1850년 벨기에 브뤼셀과 독일 아헨의 거리가 불과 122km인데도 불구하고 전보배달이 되지 않았습니다. 로이터는 이 구간에서도 정보가 전달될 수 있도록 해야 한다는 생각에 이르자 개발에 착수했습니다. 그것은 비둘기를 이용해 편지를 배달한다는 것이었습니다. 그는 자신의 생각을 곧 바로 실행하였습니다. 그의 생각대로 비둘기는 빠르게 증권시세와 상품가격을 비롯한 정보들을 전달하는 데 성공하였습니다. 그러자 정보를 얻은 사람들은 자신이 필요로 하는 것을 얻게 됨은 물론 많은 돈을 벌었습니다. 그로인해 로이터의 사업은 급성장하기 시작했습니다. 그는 전문사육사를 두고 수백 마리의 비둘기를 사육했습니다. 그러자 독일 전역에 전보가 배달되지 않은 곳이 없었습니다.

1851년 전보는 일반화가 되었으며 로이터는 영국 런던으로 갔습니다. 그는 그곳에서 유럽 전역에서 일어나는 사건에 대한 정보를 공급하기 시작했습니다. 그러자 로이터통신은 모든 뉴스의 원천이 되었습니다. 로이터통신은 공인받은 최초의 정보제공 서비스 통신사로 오늘에 이르고 있습니다. 로이터가 오늘날 뉴스와의 연관관계성을 진즉에 간파하고 그에 올인할 수 있었던 것은, 그는 미래에 있어 정보산업이 얼마나 중요한 것인지를 알았던 것입니다. 즉 시시각각 변하는 현대사회의 특성을 그는 이미 알고 있었습니다. 그만큼 그는 미래를 보는 눈이 뛰어났습니다. 또한 그는 다양한 데이터수집의 중요성을 간파했다는 것입니다. 그리고 정보는 속도가 생명이라는 것을 잘 적용함으로써 로이터통신을 세계적인 통신사로 성장시킬 수 있었습니다. 로이터의 생각의 방향은 정보전달이라는 것에 맞추어진 까닭에 자신의 생각을 현실화시킬 수 있었습니다.

이 이야기를 통해 로이터통신사가 성공하여 오늘날에 이른 것은 새로운 정보를 알고 싶어 하는 사람들의 욕구를 채워준 데 있다는 것을 알 수 있습니다. 사람들은 늘 새로운 것을 갈망하고, 그것을 취하기 위해 항상 눈을 반짝이며 귀를 열어놓고 있습니다. 새로운 정보를 통해 자신이 추구하고자 하는 것을 알고 싶은 욕망 때문입니다. 지금으로부터 170년 전의 로이터의 성공 일등 요소는 '정보'입니다. 그는 지혜롭고 현명하게 정보를 이용함으로써 최고의 인생이 되었습니다. 이를 보더라도 정보가 사람들에게 미치는 영향이 얼마나 막중한지를 잘 알게 합니다.

이를 손자의 관점에서 본다면 '필취어인 지적지정자야必取於人 知敵之情者也' 즉 '반드시 사람을 취해서 적의 정세를 알아내는 것'이라는 말과 같습니다. 그리고 나아가 '고삼군지사 막친어간 상막후어간 사막밀어간 비성지불능용간 비인의불능사간 비미묘불능득간지실三

軍之事 莫親於間 賞莫厚於間 事莫密於間 非聖智不能用間 非仁義不能使間 非微妙不能得間之實'이라고 할 수 있습니다. 즉 '삼군의 일 가운데서 첩자보다 더 친한 것은 없고, 첩자에게 주는 것보다 후한 상은 없으며, 첩자의 일보다 비밀리에 해야 하는 일은 없다. 성현의 지혜가 없으면 첩자를 이용할 수 없고, 어질고 의롭지 않으면 첩자를 부릴 수 없다. 세심하고 치밀하지 않으면 첩자로부터 참된 정보를 얻을 수 없다.'는 것처럼 로이터는 지혜롭고 어진 마음으로 사람들을 이용함으로써 자신의 삶과의 전쟁에서 승리할 수 있었던 것입니다.

어리석은 자는 넉넉하고 좋은 것을 가지고도 실패라는 인생의 노트 쓰고, 지혜로운 자는 부족하고 나쁜 것을 가지고도 성공이라는 인생의 노트를 씁니다. 그렇다면 문제는 간단합니다. 그 무엇이 되었든 성공이라는 인생의 노트를 쓰면 되는 것입니다. 최첨단을 살고 있는 지금은 정보가 홍수를 이룹니다. 그 정보 가운데는 인생의 피가 되고 살이 되는 정보도 있지만, 마음을 타락시키고 삶을 망가트리는 하등의 가치도 없는 쓰레기 같은 정보가 있습니다. 자신이 삶과의 전쟁에서 이기고 그것이 무엇이든 성공이란 인생의 노트를 쓰고 싶다면, 꼭 필요한 정보를 믿을 만한 사람과 매체를 통해 적극 활용하기 바랍니다.

정보를 활용하여 성공이란 인생의 노트를 쓰기 위해서는 첫째, 정보를 확보하기 위해서는 다양한 책을 읽어야 합니다. 또한 미디어 매체를 활용하여 빠르게 변화하는 시대적 상황을 간파해야 합니다. 또 믿을 만한 사람들을 통해 정보를 수집해야 합니다. 둘째, 많이 아는 자가 무엇이든지 선점하는 법입니다. 아는 것이 힘이고 힘은 곧 내가 원하는 것을 갖게 해주는 데 큰 도움이 됩니다. 많이 보고, 많이 읽고, 많이 생각해야 합니다. 셋째, 어리석은 자는 자신을 방치하나 현명한 자는 자신을 다그칩니다. 자신을 느슨하게 내버려두는 것은 자신을 방치하는 일입니다. 스스로 자신을 다그치며 격려함으로써 새로운 정보를 수집하고 활용함에 있어 열정을 다 바쳐야 합니다.

50대들 중엔 자신을 계발하는 데 소홀히 하는 사람들이 많은 것 같습니다. 나이가 들수록 삶의 폭은 점점 줄어듭니다. 할 수 있는 일도 줄어들고, 일할 곳도 줄어들고, 친구들도 하나둘씩 멀어져 갑니다. 특히 남자들은 아내와도 자식과도 거리감이 점점 멀어집니다. 늘어나는 건 걱정과 잔주름과 흰머리와 뱃살뿐입니다. 이를 그대로 방치한다면 그야말로 잉여인간으로 전락하고 말 것입니다. 그런 인생이 되지 않으려면 부지런해야 합니다. 돈을 벌든, 무엇을 배우든, 취미활동을 하든, 봉사활동을 하든 자신의 처지와 상황에 맞게 자신의 인생을 가동해야 합니다. 가동이 되는 인생은 녹슬지 않습니다. 가슴은 푸르게 살아 뛰고, 머리는 맑고 몸놀림은 경쾌합니다. 살아 있다는 것을 매순간 느끼게 됩니다.

그러나 인생의 가동을 멈추게 되면 인생은 녹이 씁니다. 가슴은 메마르고, 머리는 흐릿해져 기억력은 떨어지고 몸도 마음도 무겁습니다. 살아 있어도 죽은 것처럼 의욕이 없습니다. 그리고 한 가지 지나간 시절을 생각하지 말아야합니다. 그리고 앞으로 올 미래도 될 수 있는 한 생각하지 말아야 합니다. 50대를 사는 지금을 가장 중요하게 생각하기 바랍니다. 새로운 정보를 통해 자신에게 맞는 새로운 것으로써 날마다 새로운 내가 되어야 합니다. 지금 이 순간을 잘 살면 인생이란 내일의 태양은 밝게 떠올라 미래를 환히 밝히게 되기 때문입니다.

오십에 읽는 손자병법

초판 1쇄 인쇄 2022년 7월 10일
초판 1쇄 발행 2022년 7월 17일

지은이 김옥림

펴낸이 박세현
펴낸곳 팬덤북스

기획 편집 윤수진 김상희
디자인 이새봄
마케팅 전창열

주소 (우)14557 경기도 부천시 조마루로 385번길 92 부천테크노밸리유1센터 1110호

전화 070-8821-4312 | **팩스** 02-6008-4318
이메일 fandombooks@naver.com
블로그 http://blog.naver.com/fandombooks

출판등록 2009년 7월 9일(제386-251002009000081호)

ISBN 979-11-6169-212-8 03140